La maîtresse du cœur#2

La maîtresse du cœur, Volume 2

Ulysse Steevens Esaïe

Published by Ulysse Steevens Esaïe, 2024.

While every precaution has been taken in the preparation of this book, the publisher assumes no responsibility for errors or omissions, or for damages resulting from the use of the information contained herein.

LA MAÎTRESSE DU CŒUR#2

First edition. March 11, 2024.

Copyright © 2024 Ulysse Steevens Esaïe.

ISBN: 979-8224548330

Written by Ulysse Steevens Esaïe.

Pour tous ceux qui m'ont supporter dans mes parcours

Introduction

Au cours de ses dernières années, j'ai cru que tout allait changer, que ma vie allait se mettre dans une autre direction.

Trop longtemps, j'ai souffert d'une manque d'amour qui m'a poussé à vivre dans ces conditions indécises. Maintenant, hors de chez moi, dormant à l'église comme une personne qui n'est pas sujet à une famille, j'avais gardé une ferme assurance de pouvoir sortir de ce trou d'un jour à l'autre.

Cela me faisait mal et je me demande aussi pourquoi j'ai puis laisser tout cela tomber sur ma vie ? Bref! Ce sont des tâches qui m'avaient enroulé comme une tarte modelée.

Derrière ma résistance face à mon dernier rapport durant le moment où j'étais à la maison, je croyais et même espérais qu'un jour, on finirait par croire que c'était du vrai amour, cependant, le vide qui existait entre nous m'avais enterré au cimetière de la fausseté d'un cœur sous le chancre.

Au début, il y avait une force peut-être, surnaturelle qui me faisait croire qu'il y avait une sincérité sans égal. Je n'arrêtais pas de douter sur à propos de ce sujet, un jour, je crois finir par découvrir la vérité; au bref rappelle, je me suis souvenu de ses moments de tendresse qu'on planifiait souvent à l'hôtel, ce plaisir dont, me faisait croire que rien ne pourrait un jour mettre un terme à cette relation.

La première fois que j'ai dormi dans cet église, j'avais des remords de tout ce qui ont suivi ma vie comme des traces de pas qui ne s'effaceront jamais comme un nomadisme dans le désert du Sahara. Par le biais du stress qui me faisait rougir comme un cœur mis dans une fournaise ardente, je connaissais la tourmente cette nuit-là et la tristesse me rongeait à petit feu.

J'avais le regret d'avoir causé du tort moi-même et à ma mère qui m'aimait peut-être, parce qu'elle se faisait quelques fois du soucis pour son fils, son unique malgré sa stérilité.

Chaque fois que je me rappelais mon enfance, au moins je sais qu'elle avait toujours l'habitude de dire: " Je veux que tu sois grossi et que tu devienne un grand homme. " quand elle me disais cela, c'est comme raconter des histoires à un enfant de quatre ans ; d'ailleurs, toute ma vie, j'étais souffrant d'un traumatisme qui ne m'a rapporté que des ennuis dans mes parcours.

Et malgré tout cela, je rêvais de vivre libre comme un gitan, d'avoir la vie d'un aigle sans se soucier des regrets de la vie.

De ce fait, il y avait une partie de ma vie que je pourrais jamais mettre en déroute, car, j'aimais l'écriture et je croyais que c'était un bon moment pour parler de ma quête.

Après à peu près d'une semaine, j'avais besoin de trouver un emploi pour me rendre utile à moi-même et sur ce, j'avais insisté pour ne pas demander quoi que ce soit à personne.

Et puis un jour, j'ai mis un jeans bleu et un maillot blanc, ensuite, une paire de tennis grise et je me suis rendu chez le pasteur de l'Église qui, lui, était aussi un directeur d'une établissement qui n'était plus qu'à quelques pas de l'église et de sa maison. En outré, je ne savais pas pourquoi il avait choisi cet emplacement mais c'est un peu très proche de tout comme un triangle qui ne s'étire pas de ses angles.

Et cet envie de travailler, ce n'était pas très mauvais comme conception, mais, c'était plutôt bien choisi parce que j'étais le seul à pouvoir trouver le pain quotidien et tout mes besoins à être satisfait. Cela fût une triste histoire quand j'essaie de l'avaler, mais pas aussi triste que la réalité vivant aujourd'hui.

Kéty, comme une mère déjà responsable de quatre enfants, voulait me soutenir par ses propres moyens mais, c'était peu pour elle et ses adolescents.

Dès lors, j'ai choisi mon indépendance et accepté de vivre comme un homme responsable de sa vie et de sa carrière.

Souvent on se trompe de nos propres pensées, on se trompe en croyant que nous avons le droit de choisir ce qui nous plaît sans vouloir vieillir dans nos parcours sur cette planète ; mais on arrive souvent à nous casser les orteils sans avoir rendu compte que ne devions qu'à rester sur le quais et cela nous fait pleurer en silence à chaque fois que nous nous demandions pourquoi est-ce que cela à pu nous arrivé à nous ? Est-ce un peu de la malchance ? En effet, ce n'est pas toujours ça la réalité.

Certaines fois, notre complicité nous rend orgueilleux et nous fait oublié la conscience de nos décisions jusqu'à même nier notre propre consentement. Tant de fois je me suis trompé, trompé de cœur, trompé d'amour et même perdu la vigilance.

Enfin, j'ai toujours gardé l'espoir sûr comme je l'ai toujours fait pour mes rêves et mes projets. J'avais chaque jour à rêver de vivre une nouvelle vie et de pouvoir rebâtir ma vie comme si je venais de renaître à nouveau; d'après tout les constats effectué, effectivement, ma vie s'est chambarder et l'espoir s'est mêler au défaite.

Les rencards m'ont fissuré le cœur, et, le rempart ne fut que ma conviction qui traîne par terre.

Pour toutes les causes qui m'ont poussé à faire des choix dans la vie, j'ai connu le pire sort qui ne m'avait jamais donné de la chance pour vivre dans la solitude ; cependant, une partie de moi à connu ce chemin sans fragrance, ce chemin rude et désert.

Parce que j'avais de la raison de pouvoir enfin dire non à l'amertume, mais aussi, parce que je possède une nature qui rend mes désirs plus fort que moi et que dont je risquait de perdre le contrôle ; j'avais toujours le sentiment d'être traumatisé à chaque satisfaction que j'essayais de porté à mon propre corps, et vide comme l'espace temps d'où submerge un océan de peine sans précédent.

Charismatique, je pensais toujours à l'avenir et surtout, même si devrais vivre à la faillite de ma conquête, la maîtresse du cœur avait droit à sa place dans un cœur qui cours presqu'à l'isolement. Car j'ai cette sensation que, même si je devais me marier et me remarié encore, elle viendrait et gagner sa place dans ma vie, parce que l'espoir que je garde chaque jour reste et demeure immortel.

Quand j'ai demandé le boulot, le Directeur ne m'avait refusé, même si d'ailleurs, je n'avais aucun dossier pour pouvoir accéder vis-à-vis de ma demande. J'étais heureux de savoir qu'enfin, je vais pouvoir travailler pour prendre soin de moi durant tout le temps que je passerai à vivre hors de tout ceux qui m'ont causé préjudices.

En effet, l'histoire m'avait suivi et jusque-là, je devrais avoir d'une forte résistance pour empêcher aux mêmes sort de pouvoir tombés sur ma vie. Hélas ! La vie nous donne droit, mais nous prévient jamais.

Tentation

Cependant, j'étais censé faire un départ très silencieux, de manière absurde et sans dire un mot. Ensuite, prendre la fuite comme un chaton drôlement affamé et qui s'en va à l'encontre de son proie.

Mais, je me suis fait barré juste en prenant mon petit classeur que j'avais payé d'un prix plus au-moins abordable pour pouvoir rentrer. « Et bien.. tu es sur le départ on dirait. » me dit subitement l'administrateur qui me lança un regard perçant.

À ce moment-là, mon cœur était brûlant comme s'il ne me restais que des cendres, mais je ne pouvais rien dire à personne et j'avais alors ressenti ce vide à nouveau.

Coincé ! Mais, vague, comme si je courais d'une imprudence catégorique ; ses yeux clignotaient sous ses paupières levées et ses yeux noirs éteint, il s'appuya contre le bureau pour comprendre cette surprise, car il s'avérait que je ne faisait pas ce genre de déplacement par habitude, pourtant, j'avais toujours envie de laisser avant 2 heures parce que les efforts me fatigue beaucoup ainsi que les enfants qui m'efforce à dégager tout mes énergies pour les calmer et mettre l'ordre quand cela ne va pas.

— Je vais voir si je pourrais faire quelques arrangement et j'ai paquet de linge à laver, enfin.... J'en ai plein de choses à faire aujourd'hui. J'ai dit. Il n'y avait aucune raison d'accepter ça, d'ailleurs, je ne toucherai pas plus que le minimum de mon pourboire. En réalité, je pensais que c'était parce que je pourrais me rendre utile afin de pouvoir procuré un nouveau poste, cependant, j'ai découvert ce coup, cette phase injuste de la manipulation.

— Hum... ce n'est pas grave, j'ai bien compris mais.. Je dois aller chercher mon fils à l'école vers les 1 heures et demie, et tu sais que on ne peut pas laisser les élèves du terminal sans surveillance, je pensais que tu allais gérer ça pour moi ! Qu'est que tu en dis ?

— Et bien.. rien ! En outre, j'avais fatigué à faire de la sieste au bureau, rempli de fatigue et de dépression, j'opterai plutôt à rentrer qu'à continuer cette journée si fatigante.

— Comment ? Réplique t-il le responsable, me faisant un regard très inquiet. Ses cheveux rasés ne tardaient pas à blanchir, pourtant, son visage ovale de ses yeux clair portait une moustache ras qui n'avait pas encore pris d'autre couleur, mais pour sa barbe courte c'était plutôt le gris comme l'aluminium fondant. Étant donné qu'il était le dirigeant de l'église et de l'établissement, il portait tout le temps un chemise, un pantalon de tissus, des souliers et un stylo embarqué dans la poche de sa chemise comme un captif.

— Je viens de dire que je vais réfléchir ! J'ai répondu en haussant un peu la voix.

Je réfléchissais un moment pour trouver une solution qui pourrait être idéal pour moi, soulageant la peine de mon collègue qui était sous une pression très vorace et très pesant. Il y avait cet homme là qui plaignait beaucoup de fois à cause le minimum de son salaire, il crut que c'était un simple désir de manipulation ou peut-être un travail forcé que ce monsieur nous avions tenue à faire sans qu'il ait conscience de la dureté de la vie et que cet argent ne pouvais pas réellement nous aider chaque fin de mois qui surgit.

En outre, ce n'était pas vraiment ce qui était important pour moi parce que j'étais seule et perdu.

Soudainement, mon portable sonna et cette fois je n'ai pas hésité une seconde pour voir le numéro de l'appelant.

— Oui allô ! Il avait reçu un appel dont je ne savais pas vraiment ce qu'il était entrain de manigancé.

, mais il s'agissait d'une de femme que je n'avais pas censé de reconnaître. Je suis désolé mais je dois y aller, il a dit en courant. Je pense que tu devrais trouver un moyen pour gérer la situation professeur. Disant cela, je croyais qu'il me faisait passer pour un imbécile, c'est comme me couvert d'un manteau de plaisanteries.

— Bon d'accord ! Je vais voir ce que je peux faire. J'avais obligé de me résigné comme si j'étais à entrain de débuté la journée de mon travail. Rage! Comme c'était toujours fatiguant !

J'ai repris la partie pour continuer la conversation téléphonique avec cette femme de folie qui avait besoin de me prendre dans son filet, et qu'aussitôt je devrais justement ignorer et mettre une fin à notre conversation, mais... Je ne savais pas qu'elle aurait dû perdre son temps parce qu'elle n'avait plus besoin d'un homme tel que moi; et tout ça, à cause de sa déclaration et de son comportement.

— Bonsoir Tham, est-ce que ça va ?? Elle m'a demandé d'emblée.

— Oui, mais.. quoi encore ?lui avais-je demandé, tout en marquant le pas vers la sortie de l'école.

— Je voudrais que tu me dis que s'il sera possible qu'on puisse voir plus tard, j'ai tellement envie de te voir, je dois t'avouer que je suis mourante mon cœur.

— Ton.... ! Est-ce que c'est une blague ! Franchement, je ne sais pas où tu veux en venir en me disant toutes ces choses. J'ai répondu d'un air surprenant.

— Alors, tu vas venir ou pas ? j'ai trouvé un emploi maintenant, peut-être après avoir quitté l'établissement je pourrais venir là-bas comme ça on pourra se parler ! M'avait-elle avoué sous sa voix tremblante.

— Hum.. puisque tu insistes, pas de problème, mais la seule chose, ne le prend pas pour habitude.

— Merci ! Alors je t'attendrai chez la veille, au-revoir !

Il y avait cette vieille dame qui m'avait considérée comme un vrai ami et elle jaugeait de m'aider après ce chute.

J'ai raccroché le téléphone pour empêcher de prolonger la conversation, comme je marchais pas à pas en chemin, je prenais un peu de temps pour récupérer mon esprit, car, je croyais après une telle conversation avec femme infidèle, avoir perdu la tête en acceptant de la voir encore une fois en face de moi.

Après avoir fait un telle conversation, c'est comme si tout avait l'air d'aller bien, ni l'angoisse, ni la peur qui m'accaparaient avaient été disparu, et la force m'en étais revenu, comme le vent qui abat sur les feuillages grise et désespérées.

Je suis rentrer à la maison, disons à ma logement, d'où s'agit-il toujours de la petite contré du sanctuaire ; j'ai salué les sœurs amis qui étaient en pleine activités, sœur Célie qui faisait grillé du pistaches et Kéty de son côté qui préparait les siennes pour les emporter au moulinet afin de produire du mamba pour vendre à ceux qui s'en intéresse toujours, mais Célie, elle, préparait pour des tablettes dégustant.

— Salut ! Avais-je lancé, en me dirigeant tout droit vers la pièce. Tout le monde me regardait, mais en vain ; je ne gère que ma propre situation. Comme j'étais dans le besoin, je consentit une toute petite frayeur à cause de mes nouvelles progressions dans l'Évangile, je ne voulais pas me serrer comme un fer qui se gère contre la rouille, cependant, la chair me pesait et le désir me couvrait tout entier. C'est comme si elle avait jeter sur moi, un sort que je n'aurai pas la force de me débarrasser. Des idées me font tourné le morale, en ne me laissant plus le choix d'accepter de couvrir ce rendez-vous si secrètement que je pourrais le faire.

Plus tard, j'étais assis comme d'habitude sur le mur de la galerie du temple, j'avais déjà fait tout mon possible pour pouvoir être prêt avant que l'heure puisse être arrivé ; j'attendais qu'elle m'appelait juste pour me faire savoir que ça y est, qu'elle était là-bas. Kéty avait l'air très présomptueuse, mais dommage, elle ne pouvait pas comprendre ce qui se passait. Du coup! Un appel perdu. Sans hésiter, je me suis levé et me suis mis en route pour aller rencontrer cette folle que j'avais déjà rejetée à cause de ses tromperies et de ses propos malsaines qui ont mis mon cœur en milles morceaux après toutes ces sacrifices pour elle, j'ai fait et à cause d'elle, ont m'avait humilié et m'ont mis à la porte, mais, hélas !

Arrivant chez madame blanc, c'est le nom qu'on avait donné à la vieille dame parce qu'elle était mariée avec son homme qui s'appelait Blanc et ils vivaient ensemble même si, selon ce que j'ai vu et entendu, ils n'avaient de bonne vie et leur mariage d'après moi était un échec.

Ce visage d'autrefois, me souriait en regardant par les vides que contenait la petite barrière qui était l'entrée de chez eux. Je me rappelait ces sourire du passé, celles pourquoi j'ai osé laisser gâcher toutes mes projets et ce que mes parents adoptées avaient planifier dans leur calendrier. Comme si l'avais déjà pardonnée, j'ai sourit froidement, puis, je me suis approcher d'elle après avoir salué tous ceux qui étaient présents sur la scène.

Nous avons commencé à parler de tout et de rien, jusqu'à ce qu'un moment fût, et qu'ainsi, j'ai commencé à touché ses jambes, monta jusque dans les seins cachés sous ses vêtements, dont, son soutien-gorge qu'elle portait. Delà, elle n'avait que des désirs et elle me regardait comme pour la première fois. Mais non! Qu'est-ce qui est entrain de se passer ? Je ne peux pas faire ça. Me suis dit à l'intérieur de mon subconscient. Est-ce bien de poursuivre ses choses qui m'ont aujourd'hui éloigné de tout et de toute ma famille ?!

Au grand recule, j'ai vite remis mes mains sur mes jambes et pris mon téléphone pour essayer de ne pas continuer la séance. Du coup ! Je me disait que je faisait tort à moi-même et pour une dernière fois, il fallait que je mis fin à nos rencontre, empêcher de pouvoir tout laisser aller et arrête tout.

Elle portait une jupe noir courte et une corsage qui avait plusieurs couleurs, même si je ne voudrais pas la toucher, mais, la façon dont elle s'était habillée m'avais porter à la convoitise, et tout ça avait des effets que je devrais chasser loin de moi pour éviter d'être succomber à sa convoitise.

— pourquoi tu t'es arrêté? Je veux que tu me baise ce soir, fort comme tu le faisait autrefois. Tu te souviens de cette maison ? Celle qu'on utilisait pour se rencontrer et tout faire ?

Disant cela, je me suis rappeler, et comme d'habitude, ont avait pris cette maison pour notre chambre d'hôtel gratuit, parce qu'elle était vide et n'était pas encore été habité jusqu'à aujourd'hui. Viens ! Me disait-elle sous sa voix tremblante et basse.

— ahan! Je ne pensais pas que tu étais si intéressé ! Mais non. Je suis désolée, Elourdes, je ne peux pas le faire. En tout cas c'est fini.

— quoi? Mais qu'est-ce qui est fini? Qu'est ce que tu veux dire? M'avait-elle répondue, de son visage qui rougit et paniquée.

— c'est la dernière fois qu'on se verra, il n'y aura pas plus, pas moins. Après avoir fait cette déclaration, je me levé d'où j'étais assis et je prenais directement la direction de la barrière et même sans dire au revoir à personne. Prenant la direction de l'endroit d'où je venait, je l'ai entendue pleurer, ça faisait mal pourtant, elle l'avait bien méritée. Pour éviter toute concurrence, je devrais également me souvenir du passé. Cette nuit où mon cœur s'était cassé comme un œuf, tout sujets entre elle et moi, ne devraient jamais dépasser nos escalades, c'est-à-dire, point d'intimité entre nous après la chute de notre relation.

J'avais une petite boîte de téléphone que je me suis acheté après mon premier paiement de mon boulot, malheureusement, j'avais pourtant gardé le même numéro simplement parce qu'il y avait des contacts sont je ne voulais pas perdre.

Enfin, je ne voudrais pas que notre relation se prolonge mais... Je l'avais fait par une forte résistance afin de pouvoir garder la distance qui nous avait mis en déroute.

" j'ai bien l'envie de dire un oui, simplement parce que j'avais ressenti des sensations extrêmement pesant dans mon corps ; bien qu'il n'était pas possible que nous soyons ensemble mais j'ai besoin de ce support. " me suis-je dit avec la tête bien embarrassée.

" devrais-je accepté de retourner dans cette relation ? Fuir? Ou prendre la décision de pouvoir simplement l'utiliser comme un objet sexuel parce que j'avais découvert qu'elle m'aimait réellement ? C'était vraiment une catastrophe, un tas d'imagination qui m'avait brouillé la tête. Arrg... C'est l'horreur de la tentation.

Au rendez-vous.

Le lendemain matin, comme d'habitude, je me réveille avant la levée du soleil. Bien souvent on parle d'aptitude, tant de fois j'essaye de gravir les montagnes afin de pouvoir conserver le mien en dépit de tout les mépris et de tout les découragements connu dans la vie. Je croyais que la croyais que la clé était ce que je cherchais durant toutes ses années.

Dès mon réveil, j'ai passé ma main au-dessus de ma tête pour récupérer mon portable ; je n'avais pas d'horloge ou une montre pour vérifier l'heure qu'il était à ce moment-là. Drôle ! Il était seulement quatre heures du matin, d'irrésistibles me réveillais vers les six heures ou presqu'Du l'heure de habituelle. Tout était silencieux.

La douce clarté de la pleine lune opérait à travers les espaces vide compris entre le toit et la ceinture de l'église qui était faite de bois.

Delà, je me suis mis à me poser de la peine pour ma vie, et je me demande pourquoi suis-je là où aucun membre de ma famille ne souhaiterait me voir ou même savoir comment ça marche pour moi. C'était pareil un à film d'horreur dont je paraissait celui qui jouait le rôle de l'acteur principal.

Ce jour-là, ce fut le début du week-end et on ne pouvait pas parler de classe pour les enfants. Alors, j'ai pris une feuille de papier et un stylo pour noter certaines choses qui me passait à l'esprit comme une série de bande annonces.

Du coup, j'ai ressenti mes yeux qui devenaient irrésistibles et hop! Je fut volé d'un sommeil profond. Soudain, j'ai vu cette femme inconnue qui avait pénétré l'intérieur de l'église. Mais bien sûr que non! J'ai l'ai vue déjà deux fois en son quête et malheureusement, je ne sais pas pourquoi jusqu'à aujourd'hui. La seule chose que je sais, c'est qu'elle était venue m'emmener sans avoir la moindre idée d'où elle voulait m'emmener. Elle portait une longue robe mais pas tout le temps. Son visage ainsi que je me souviens, était éblouissante et très spécial ; cependant, j'ai pu constater que c'était du pure maquillage. " vivre un rêve, c'est réel, mais, ce que l'on vit dans un rêve n'est qu'une décoration. " bref! C'est ce que j'ai appris après les essais que j'ai fini par fuir à chaque fois que présente ce phénomène surnaturel.

Quand elle fut arrivé auprès de moi, elle essayait de me tiré les épaules, heureusement, en résistant face à ses efforts, j'ai eu la force de soulever mes paupières. Wouah ! C'était... Un monstre ! Un démon étrange qui prenait le visage d'une femme! mais en réalité n'est qu'une bourrasque de fumée en forme d'un humain.

Je me suis battu, comme les deux autres fois et, j'ai fini par être vainqueur.

À mon grand réveil, je réalise que c'était la preuve du vide que j'avais dans ma vie, ce vide qui m'a toujours fait souffrir d'un traumatisme sans égal.

" De fortes sensations, des envies sans la présence d'un âme sœur sont provoquant. " parfois pour les vaincre, nous avons besoin d'avoir une forte capacité pour contrôler notre esprit, sinon, c'est la dégénération. Disons, nous devons nous même toujours prêt à assurer la satisfaction de nos désirs et nos envies. C'est ce qui m'empêchais à conduire une vie sainte tel qu'un chrétien qui gère son corps, parce que la Bible affirme que « notre corps est le temple du Saint-Esprit. » j'avais trouvé cet opportunité à cause de ma foi, et parce que j'avais été converti dès mon plus jeune âge. Sinon, où aurais-je pu aller si ce n'était pas à cet endroit que j'avais à demandé pour passer mes séjours ? Tout le monde m'avait tourné le dos, aucun membre de ma famille n'avait besoin de ma présence chez eux, humilié par ma propre génération et rejeté.

Il était tôt dans la matinée et la fraîcheur de la rosée demeurait encore dans les feuillages ; j'avais eu l'envie de partir mais j'avais l'esprit ténu au sillonnage, encore plus que ces phrases cachés qui débordent, pour avouer le secret qui était enroulé sans méthode.

Et Rose, la suivante de mes rêves mais encore un défit, pour avouer une vision qui peut-être avait part à la vie ; celle que j'essaie de tenir malgré toutes choses, la seule et unique qu'un homme désir n'est que la vie en rose; mais, difficile de toujours croire qu'enfin c'est la fin, car, sous un ciel sans étoiles j'étais hors de mes siens.

Après avoir prendre une douche pour me rafraîchir les membres, je suis passé par la petite porte d'à côté pour rentrer dans la petite chambre où nous avions mis nos valises et tout nos bagages. Pendant que je m'habille à l'intérieur, j'entendis de grave chuchotements, alors j'ai essayé de prêter l'oreille pour pouvoir écouter quelques mots à savoir si cela me concerne.

J'ai entendu parler de mon nom et cela m'avait drôlement choqué. Dans le silence, je me garde cue sans faire brandi mes indifférences contre Kéty qui avait changé de comportement sans avoir la moindre idée, ni le pourquoi.

— et moi? Jamais ! Si on me demandais de me marier avec Tham je préférerais de fuir au lieu de pouvoir accepté cet offre. Cet un homme qui ne peut même pas se tenir, il n'a même la cadence d'un bon dragueur. Avait déclarée cette fille qui me déshabillait par ses injustes phrases qui, comme des injures, m'avaient profondément blessé tel une lame bien affilée et tranchante qui m'atteignit jusqu'aux artères de mon cœur. Rosemie! Cette fille qui ne sait même pas écrire son propre nom. Quel honte! Je me sans à cet instant là, déshabiller par leurs moqueries, elle riaient sans cesse sans avoir la conscience d'avoir affecté un cœur déjà souffrant et brisé.

On m'appelait souvent de ce nom, mais je préférais quand on m'appelait plutôt : thomgiver parce que c'était celui dont j'avais choisi pour me mettre à l'écart de cette famille insensée.

J'ai secoué la tête et continue à m'arranger pour sortir de la chambre, tout à coup, j'ai eu un message venant de la part de mon ex-femme, nous n'étions pas mariés certainement, mais comme nous avions vécu des jours ensembles dans la même pièce alors je l'avait considérée. Tout doux, je lu son message de manière abasourdi et ensuite, j'ai quitté la petite pièce pour aller me reposer sur les murs de la galerie de l'église, Rosemie était partie et Kéty m'avait fait un regard complice ; cependant, j'avais gardé mon silence et rien à avouer. C'était une demande, encore elle ! À me demander de venir là-bas chez cette vielle femme qui était une amie à qui je pouvais me débarrasser un peu de mes peines.

Un homme tel que je suis, devrais être absolu de cette misère, pourquoi pas être défendu par la conquête de l'amour, mais cela paraissait abstrait et même impossible à concevoir.

Finalement, j'avais ressentis l'obligeance à cause de ses désirs ennuyeux d'avoir une seule fois, un moment époustouflant avec cette femme qui était la dernière à avoir consumé ma confiance. J'ai connu ses instants douloureux à cause de méfiance, cette fois, je n'accepterai de m'amuser à me laisser accaparé de d'un amour sans accord.

En écoutant un peu de la musique, j'essayais d'oublier certaines choses, de faire passer tout ces moments d'illusions à l'oublie. Je ne voulais pas adossé mon esprit à l'idée de nous remédié à la concurrence de notre relation, seulement, je pense vouloir l'utiliser d'autant que je parvenait un jour, à me remettre comme je l'avais toujours souhaiter. Il advient parfois de croire que les mêmes sentiments qu'on avait pour quelqu'un peuvent nous retenir prisonnier comme un chat au pied d'une table. Je n'étais pas obligé d'accepter ça parce que je suis affable, par conséquent, je voulais me résigné de revenir à notre relation à cause du vide qui régnait dans ma vie.

Comme le temps passait, il y avait un couloir qui m'avait porté à faire une autre réflexion ; alors, je me suis rendu chez Rose pour lui parler de ce rêve qui m'avait dominé comme une pierre sur la tête. Heureusement, elle n'était pas encore partie de chez elle.

Mon cœur se mettait à palpiter, sourire aux lèvres, elle avait l'air d'être une innocente dans la vie. Déjà, à l'âge de 30 ans, c'était vraiment pesant à cet âge là. Cependant, elle avait la cadence d'un plus jeune âge, elle avait presque la hauteur d'un lutin mais pas dans le bon sens du terme. Ses joues rondes et ses cheveux noirs pas trop long mais c'était pareil aux mini lacets d'une chemise bleue que j'avais porté lors du mariage de mes parents.

De toute façon, je ne pouvais pas éviter ce chemin malgré la certitude, je voulais seulement trouver l'amour de ma vie et de construire une famille sans passer par plusieurs chemin. " la vie à des contré qu'on ne peut jamais éviter. " c'est réel ! Par conséquent, je devrais entreprendre mes parcours d'une autre manière, sans passer par la lassitude. Avec la permission divine, je crois pouvoir affronter tout ça simplement parce que j'avais à devenir quelqu'un de plus fort dans la vie. Aussi bien que je me souviens, il y avait quelques jours de cela j'avais reçu un parabole, et Kéty m'avait avoué qu'elle aussi avait eu une révélation à propos de nous. Rose à voulu garder ce secret, elle avait préférée de le partager avec ses amies au lieu de me le dire en vrai. Elle avait sous-estimée mon comportement, parce que je suis trop gentil et même trop faible pour mener une femme dans la vie. Elle avait parlée de la même manière que Rosemie, c'est la raison pour laquelle je me suis dit, peut importe la façon, j'essayerai de la draguer, parce qu'elle devait payée pour ses déguisements. Grâce ! J'avais enfin trouvé un moyen de commencer notre conversation, et cela, ce fut une garantie.

— Bonjour ! J'ai dit d'un calme apparent.

— bonjour monsieur, est-ce une surprise ? Elle a répondu d'une sagesse.

— et alors ? Vous trouvez celui-ci mauvais ?

Son père, est un homme brute et tout le monde le connaissait, cependant, j'étais prêt à l'affronter si toutefois il voulait m'en empêcher de parler à sa fille. Il se plaignait de sa fille, parce qu'elle n'avait pas encore trouver l'homme de sa vie durant toutes ses années, déjà avec ces trentaine, elle devait être déjà une mère de famille, mais, cela avait pris beaucoup plus de temps qu'on ne pouvait l'imaginer. Elle devait sûrement trouver son amant, malheureusement, pour cela, il lui fallait beaucoup de prières.

— ce n'est pas une habitude ! Je n'ai aucun problème avec ça mais, tu sais...

— je comprends ! Excuse moi, je pense que nous devons parler à propos de ce que je voudrais te dire l'autre jour. Enfin... Si cela ne te dérange pas ! J'ai dit de sang froid. En fait, avec l'esprit de pouvoir me venger de ses paroles blessantes mais, il ne s'agissait pas vraiment d'une cause d'un amour réellement ressentis avoir cet effet. Elle avait ressentis que ce qu'elle avait pu pensée d'un homme tel que moi, étaient de fausses conceptions. Par delà, je savais que je devais d'abord affronter ma misère, je devais me mettre dans la peau d'un homme que je n'étais pas ou peut-être que j'avais gardé au fond de mes entrailles.

— ne t'inquiètes pas ! Je t'offre une chaise. M-a-t-elle dit soigneusement.

— non, pas la peine. Je ne vais pas rester trop longtemps, je n'ai pas l'heure entière. J'ai répondu calmement.

— d'accord ! Alors ?

— j'ai eu un songe la semaine dernière.

— est-ce que ça à rapport avec moi? Elle m'a demandé rapidement.

— en effet ! Je pense qu'à travers ce message, j'ai puis trouvé un chemin pour te partager mes sentiments les plus profond. Il a un certain temps que j'ai fait une prière de pouvoir m'abstenir de tout ce qui pourraient me faire souffrir et je voulais aussi éviter de continuer à faire des choix qui ne font que détruire ma vie.

— je ne vois pas où tu veux en venir. Répondit-elle, Rose. On s'était déjà connues, nous avons également une histoire en commun qui ne dépasse pas notre foi chrétienne. Nous étions dans le même groupe de chorale à l'église jusqu'à ce que tout s'était effondré à cause d'une ingérence, peut-être même par ignorance.

— il y a des choses que nous ne pouvons pas discuter à l'air libre, par conséquent, je voudrais te demander si cela ne te gène pas, de me donner le numéro de ton téléphone et comme ça on pourra discuter de tout! J'ai dit, espérant que ma demande ne soit pas rejeté.

Elle m'avait regardé d'un soupçon sans franchise, éleva ses sourcils et me fixait avant de répondre à cette demande.

— euhm... Bien essayé mais, je ne peux pas te dire oui. Surtout, je ne veux pas avoir d'ennuis et encore plus, les autres gens peuvent mal juger si on continue à converser dans le secret.

— je n'ai pas dit que nous devons faire nos conversation secrètement, c'est parce que je veux éviter toutes scandales en poursuivant notre conversation avec beaucoup de respect.

— désolé. Me répondit-elle d'un ton sec.

— d'accord ! Alors, je m'en vais. Peut-être, une prochaine fois ! Certes, j'avais déjà à me penché sur mon rendez-vous, mais aussi, l'objectif était de faire valoir ma capacité d'homme, montrer à cette jeune femme que mon silence ne signifiait pas que je n'avais pas des testicules entre les jambes. Simplement, j'ai vécu trop à cause de la conquête qui a l'objet de trouver la maîtresse du cœur, disons, le vrai amour de ma vie.

Je me suis rendu dans ma niche un peu honteux mais... J'avais espéré qu'elle me le donnera un de ses jours, pour le moment, j'avais à me concentrer sur les choix que je devais faire pour éviter à ma destiné d'être encore écrabouillé.

De toute évidence, j'étais un victime qui n'a pu trouver sa justice par devant tout ceux qui me met au bas des échelons. J'évite de ne pas plonger dans une situation où je ne pourrais pas me lever, c'est pourquoi j'ai laissé passer ce que Rosemie avait prononcé en me dénigrant injustement. Pour Rose, j'avais une petite flamme pour elle qui ne s'échauffait qu'à seulement quelques petites degrés, c'est la raison pour laquelle je me suis dit même si je devais me marier avec elle je le ferai, parce qu'elle devait apprendre cette bonne leçon.

Plus tard, je me suis rendu chez la vieille dame qui, mariée et mère de quatre enfants. Était une femme respectueuse et très courageuse, son mari est un peu coriace, mais aussi, insouciant.

Je me suis rendu là-bas simplement parce qu'elle m'avait demandé de venir, et moi, j'avais une grave envie qui me dépassait constamment.

Quand elle fut venue après quelques minutes d'attente, elle portait un sourire pour me faire comprendre qu'elle était heureuse de me revoir, moi non. J'essayais plutôt de l'éviter, les mines au front et replié sur moi moi-même.

Comme il s'agissait d'un moment de savoir vraiment si elle avait fait l'objet d'une femme dotée d'une bonne conscience, j'ai pris du temps pour essayé de comprendre ses paroles, ses mots d'excuses et ses dénouement au profit de notre relation qui, pour moi, ne devrait pas aller plus loin. D'autant que mes yeux lui nourrissait de sa jolie robe bleue qui contient des fleurs colorés, je me rappelle de toute les sacrifices que j'ai fait pour garder cet amour, tout ce que je ne devrait pas faire que j'ai entamer pour garantir la sécurité de notre relation. Peut-être qu'elle n'avait pas compris ces regards! Et maintenant, pourquoi pas ressayer de courir au plaisir de mes maux érotique ? Il me fallait donc de prendre une décision, mais, pas d'autant de reprendre l'engagement à me faire abusé une fois de plus.

Dans la pièce abandonnée.

J'avais de la crainte, je ne voulais pas que cela se passe comme ça. Alors, je me demande comment je serai me revoir chez cette femme infidèle ? Je préfère aboutir à une courte durée de moments pour profiter de me satisfaire aux exigences de mon corps.

— j'ai appris comment tu vis à l'église, alors, je suis venue te demander si tu veux que je te donne un coup de main. Je pourrais te préparer quelque chose à manger et te l'apporter ici si tu veux. Me dit-elle.

D'après ce que je sous-entendais, je voyais ce palabre assez insensé parce que je n'avais qu'une seule idée qui me tenait par la manche, pourquoi aurais-je accepté une telle approche durant ce temps de rupture ? Non, jamais ! Ce serait une grave erreur.

Après tout ces mauvais traitements qu'elle m'avait donné parce-que j'avais perdu le travail que j'avais, malgré qu'elle avait une petite commerce pour se défendre pour ses enfants; j'essayais de faire des efforts pour améliorer la condition de notre vie, malheureusement, elle ne pouvait pas comprendre et voir qu'il a avait un futur par devant nous, malheureux serais-je si j'accepterais de reprendre notre relation à nouveau et même pas en amitié.

— non, merci. Je pense être à la hauteur de pouvoir me débrouiller tout seul, j'apprécie beaucoup ton offre, mais non. J'ai répondu en affirmant ma sincère expression.

Ce pourrait être une mauvaise chose et, ses conséquences pourraient être utilisées contre moi et je le sais. Mais, je pense que ce dernier resterait entre nous comme un de nos plus grand secret ; dans le silence, je ne pouvais plus résister à ses grave sensations.

— mais, pourquoi ? Je veux simplement t'aider thom ! Ne pense pas que je suis là pour te faire du mal ! Tu sais que je t'ai aimé et si je te demande de me donner cette permission, c'est parce que j'ai conscience que tu as subit tout ça pour moi mon amour.

Cela faisait longtemps que je n'avais pas entendu une femme me traiter d'amour, mais j'ai compris que c'était pour me faire comprendre qu'elle avait sincèrement voulue se pencher sur mes besoins, malheureusement, il n'y avait aucune envie d'aller plus loin que ce que je désir à ce moment-là.

— écoute moi, je pense que nous avions déjà vécu trop tout les deux, je ne peux pas accepter ça. Je m'excuse, il est tard et je dois m'en aller. J'ai dit, en essayant de consumer mes sentiments. Pour ne pas manquer le moment, je croyais que c'était une bonne occasion de mettre de l'eau dans ce vin, tuer l'envie qui me cernes de tout part.

— d'accord ! Affirme t-elle. Si tu part je part aussi. Elle a ajoutée.

— alors, si vraiment tu as l'intention de m'aider je te demande bien de me suivre. J'ai dit. Elourdes, ne savait pas ce qui se passait dans ma tête, à cet égard, je pense vouloir l'emmener là où j'avais besoin de me sentir dans ma peau. À la lumière de ces derniers, le sexe me faisait chier comme au lieu-dit qu'on ne cesse de traverser.

Pour affronter ces derniers, j'étais obligé de me plié même si cela me paraissait comme une faiblesse; la faiblesse est humaine, et parfois nos sacrifices n'en valent pas plus que notre destiné. Je sais que je devais tenir ma parole, résister à cet effet, mais, cela m'est arrivé comme un poids lourd sur le dos et j'étais à bout de mes sensations.

Alors, nous avions quittés les lieux et nous avions marchés jusqu'à qu'à cette maison abonnée. Il y avait moyen pour prendre un rendez-vous dans un hôtel de confort pour gérer ce genre de situation, mais je ne voulais pas qu'elle s'y adapte et crois qu'on allait vraiment se remettre ensemble. Oh non! Ça, jamais de la vie.

— attend. Ai-je crié en arrivant devant la maison qui avait l'entrée libre, aucune trace de porte ou de barrages quelconque. Elle se situait au pied de la route et toute les pièces étaient libre. Alors j'avais eu une idée, l'idée de pouvoir me rafraîchir de son jardin sensuelle et secrètement cacher.

« il faut que tu me prouve sincèrement que ce n'était pas de ta faute, même si, par ailleurs, cela ne signifie pas nécessairement qu'il faut qu'on se remettre à nouveau. » j'ai ajouté, d'un ton mordante et assez compréhensible.

— comment te prouver que je suis sincère ? Tu sais que sinon je n'aurai pas dû venir jusqu'ici pour te demander de recevoir mon aide. Je ne voulais pas te faire de mal thom, oublions cet incident et si tu veux je peux toujours garder l'espoir pour une autre prise de décision. Je me souviens quand tu m'as dit que tu voulais te marier l'année prochaine, je crois que tu as besoin de moi et plus particulièrement ce que je suis venue te proposer. Elle avait les yeux rouges et la voix fragile.

— Ah oui! Je me souviens ! Aller, suis moi. Je l'ai ordonné.

Sans réfléchir, elle m'avait suivi. Quand nous étions arrivés à l'entrée, elle avait fait une tête que j'avais vite déniché.

— aller, rentre ! Elle avait un regard surprenant, d'où quelque qu'elle essayait de comprendre.

— pourquoi tu veux que je rentre à l'intérieur de cette maison abandonnée ? Elle m'avait demandé.

— ne pose pas de questions et rentre. Elle avait enfin suivi mes mots et je suis rentré après elle. Il commençait à faire nuit et il faisait un peu froid.

C'était notre premier tour depuis que nous étions séparer, il m'avait fallut du temps pour la mettre sur le coup cependant, malgré tout ces caprices, elle n'avait pas vraiment le courage de me refuser parce que je n'étais pas la cause de notre séparation. Dans la pièce abandonnée, on a fait une petite discussion secrète et nous avons également partager nos sens et je suis satisfait malgré que je devrais m'attendre à certaines conditions qui pourraient me mettre en scène devant tout ceux qui croyaient que j'avais tout abandonné.

Pour elle, c'était un autre début pour notre relation, malheureusement, c'est croire que le vent arrivera à nager sous l'océan.

— es-tu maintenant prêt d'accepter mon offre ? Me demande t-elle. Je veux me mettre à ta disponibilité au cas où tu auras besoin, accepte mon amour. Avait-elle ajoutée.

— non. Je pense que ce serait une très mauvaise idée si j'accepte ça, d'ailleurs, il y a des yeux partout et ma vie continuerait à s'éffondrer. Ce que nous avions déjà vécu sont considérés comme du passé et à ce moment-là, j'avais trouvé la porte ouverte pour me satisfaire aux exigences de mon corps et c'était l'unique option pour me dégager un peu de mes fortes sensations. Je me rappelle quand Isabelle m'avait cerné de ses paroles pour me piéger et me garde prisonnier de son pâturage, cette histoire de grossesse qui avait terminé par une dilatation injuste et fâcheux. Malgré toutes répression, j'avais fini par tout lâcher en essayant d'éviter les pires circonstances. Maintenant, je croyais que cela pourrait être pire, surtout, je suis passé à côté de tout ce qui pouvait me rendre heureux et je commençait à tout regretter de la vie. Je voulais rester serein, jusqu'à qu'enfin, j'arrive à faire face à la fin de toute ces histoires.

Pour ma cousine, je savais toujours qu'il était nécessaire de prêter attention à tout ce qu'elle a fait pour me faire chasser de chez, le pire ennemis que je n'ai jamais connu malgré ceux qui ont essayé de me faire grimper comme un serpent à cause de l'égoïsme et de la jalousie.

— bon! Je vais pas continuer à te forcer là-dessus, mais, n'oublie pas que je n'ai pas refusé de te donner ce que tu voulais aujourd'hui, cela signifie que je n'ai rien contre toi. M'a t-elle déclaré.

— je sais. J'ai répondu sèchement. Il est tard, il faut qu'on parte d'ici. Ayant dit cela, nous avons sortie de la pièce abandonnée et prendre la route pour rentrer. Elle me faisait de petit regarde de temps en temps, mais, je faisait comme si de rien et continue mon chemin. Je ne pouvais jamais accepté de me remettre à une femme qui m'a trompé, une femme qui m'est infidèle malgré tout les sacrifices que j'ai fait. Ses deux enfants et moi qui n'en avait pas, je n'avais pas misé sur cela pour ne pas accéder à mon devoir. Parfois, nous allions à l'hôtel pour passer des moments spécial entre nous hors de tout dérangement, malgré cela, elle avait fait son choix, elle avait rejeter les résistances que je faisait contre ma famille pour elle. Le père de deux de ses enfants me menaçait, il voulait me tuer à cause d'elle et tout le monde avait beaucoup de doute quant à cette cause, mais je n'avais point lâcher. Et maintenant, je n'ai pas le courage de dire que oui, on va se marier malgré tout, parce qu'elle ne serait jamais une femme qui saurait être à la hauteur d'une mère de famille responsable car c'était de la honte pour mon avenir et je devrais éviter les chocs. Surtout, ma vie était passé à une autre phase avec toutes ces blessures et ces trahisons par quoi je devrais m'opposer.

Nous étions séparer après ce rendez-vous, cependant, la seule chose dont je ne pourrais jamais la reprocher, c'est qu'elle n'a jamais refusée de satisfaire mes désirs sexuelles, peut importe où on se trouve dans la rue.

Quand je suis arrivé à l'église, il était déjà très tard et la petite barrière fait de tôle était fermée à Jun. Est-ce que je vais rester là dehors et dormir dans la rue ? Il était neufs heures et j'avais peur qu'on puisse me laisser dans cette nuit angoissante et assombrie, je regardais de droite à gauche et nerveux; mais qui m'ouvrira cette foutue barrière ?

À la barbarie

Certainement, elle a dû faire ces parcours en vain comme elle m'avais rendu publiquement vulnérable dans la vie. Même si tout le monde m'ont oublié et abandonné, je croyais que c'était le moment de prendre ma vie en main, d'être enfin, un homme responsable de sa vie propre et de sa carrière.

Pour cela, je croyais que j'en avais besoin d'un boulot mieux que le rôle que je jouais à cet école, et pour le pourcentage, c'était une catastrophe.

Après un bon moment dans la soirée, Kety était venue pour m'ouvrir la barrière de l'entrée, elle avait le visage déshonoré et avait lancée un court sourire de mécontentement avant de me donner l'assurance que j'avais accès à pénétrer la salle. Après avoir fermé à clé, elle avait poussé un soupir qui fut synonyme de sa frustration avant de me dire qu'elle était inquiétée parce qu'à cette heure, je n'avais pas l'habitude de rentré de si tard. Elle avait exprimer son mécontentement et certainement, cette fois, elle avait raison. Alors, je me suis défendu par l'audace de que j'avais affiché sur mon visage simplement en commençant radicalement par le mensonge.

Ce n'était pas une habitude, et je n'avais sincèrement pas ce pratique depuis que j'avais mon plus jeune âge ; c'est pour cela que, ma mère avait pleurer un jour, elle avait pleurer parce que, depuis que j'essayais de défendre ma relation avec cette femme infidèle, je n'ai fait leur donner des mensonges afin d'avoir une raison de sauvé cet amour qui fut la plus grande honte de mon histoire. Depuis lors, quand je me défend de quelque chose, j'arrive à faire passer la vérité d'une autre part et... Boum! Ce ne sont que des paroles inventées qui en sort à leur place.

Je dois avouer que maintenant, j'arrive à me contrôler, tout ce qui sont fausses j'essaie juste de les éviter.

Beaucoup se méfie de mon comportement, parce que je suis trop gentil et trop doux pour faire face aux affrontements de cette épopée, dont, la vie qu'on expérimente chaque jour qui se lève sur nos chaumières. À noter que cette douceur est l'apanage d'un homme qui a la qualité de franchir les frontières en toute indépendance et sinon, avec beaucoup de persistance et de résistance. Parfois on se trompe sur le comportement d'une personne, c'est pourquoi qu'il ne faut jamais sous-estimé la capacité de quelqu'un sans avoir expérimenté ses efforts.

Je l'avais promis que c'étais la première et la dernière fois que je ferai une chose pareille, et elle avait essayée de comprendre la situation.

Logé sur mon lit, je faisait un repassage de toute ses histoires. Couché avec une femme qui n'est pas à la hauteur de construire une relation sérieuse, une rejetée dans mon histoire, n'est pas aucun sens réellement. Mais, je ne pouvais plus résister aux désirs hantés qui m'ont saccagé et affaibli. En voilà, ce fut le premier de nos secret.

Je ne pouvais pas dormir à cause de cette tribulation, parce que je ne devait pas accédé à cette fin de tolérance qui peut me servir de barrière à la suite. Je me suis rendu compte que j'agissais à la barbarie, même si c'est dur pour consumer ses envies et de résister à ses désirs sexuellement intense, je devrais m'opposer et refusé tout offre à tous les mesures nécessaires.

Ce n'était pas de ma faute, parce que la Bible à dit aussi : " que le corps à des désirs différents de la chair. " si l'esprit n'est pas concentrer sur d'autre chose, alors, pour la chair c'est réellement du triomphe en dépit de toute résistance. Alors je me suis dit, finalement, il faut que je m'y remettre sincèrement à reprendre le chemin pour éviter de prolonger ses scènes de barbarie. C'est tout ce que j'avais trouvé pour apaiser les désirs monstrueux et m'abstenir de toute scandale qui pourraient me vandalisé.

Malgré cette réflexion, cela m'a pris des jours pour appliquer cette raisonnement d'une façon transparente et sincère. Honnêtement, la deuxième qu'on s'est rencontrer dans cette pièce abandonnée, je voulais prendre une décision convenable à pouvoir respect notre écart après notre séparation, mais, ça c'est terminé par un moment de flexibilité conjugale. Avec ses fantasmes qui m'ont cassé les chaînes de l'insatisfaction, nous avions eu une relation encore plus intense que la première fois. Cette fois, j'avais réussi à me converti, c'était le début de l'application de cette mesure prise en vue de contrôle mes désirs et mes sensations.

Un de ses jours, il y eu une annonce à l'église. Un couple qui décide de prendre l'engagement de se marier durant le mois du décembre 2021, ce fut le premier des noces qui allait passer sous ma vue et y participer également.

L'un des projets que j'avais pour me débarrasser de cette situation féroce, ce fut la pareille de ses deux jeunes qui, cet année là, avaient pris leur décision pour se libéré particulièrement du célibat. Mais moi, la plus grande raison qui m'avait laissé entreprendre ce processus, n'est que parce que j'avais trop d'ennuis à pouvoir supporter ses envies tragiques " pas dans le bon sens du terme, enfin! " c'est pourquoi, j'étais prêt à me donner une dernière chance malgré la perte de confiance que m'avais fait subir la trahison en dépit de tout les efforts qui visaient à garder mes relations contre tout les injures et les repousser.

Dans tout cela, j'ai compris aussi qu'il s'agissait d'une force surnaturelle, ses poussés qui m'ont rendu sourd et m'ont fait comprendre que tout le monde me provoquait par leurs propos. Au commencement, je ne pouvais pas découvrir qu'il y avait ce bras invisible poussé par cette folle qui se laissait conduire par l'ambition d'avoir la possession de la maison qu'elle n'avait jamais eu durant toute sa vie. Il fallait un jour pour découvrir certaines vérités, et, un jour pour être à la hauteur de vaincre ses ennemis en se faisant face à toute tentative visant à tout mettre en déroute; mais à ce moment-là, j'agissais follement à la barbarie tout en se méfiant de toutes bons et mauvais conseils.

Au cours des jours suivants, après le refus de la sœur rose à propos de ma demande, je me suis fait honneur de garder le silence. Chaque fois qu'on se voyait, j'essayais de la maîtriser par des regards intenses et des court sourires; par contre, je savais que ce que j'essayais n'étais en réalité qu'un coup de foudre pacifique, je me suis dit que si tout se passe comme prévu, j'apprendrai à l'aimer, pas avant de l'avouer que je faisais cela parce qu'elle m'avait déshabiller par ses propos et que la mission consistait à me faire venger de tout ça. Je voulais agir comme le chat, utilisant mes émotions comme des griffes asservis.

À coup de surprise, quelque chose allait se passer de manière inattendue; parce qu'elle a peut-être un peu compris que j'avais droit à sa vie, ou qu'elle avait souhaitée que je puisse l'aborder un jour ! En fait, la manière dont je jaugeais son comportement paraissait méprisable à cause de la façon dont elle me jugeait elle-même.

Avant le jour du préparation du mariage de ses deux adolescents, il y avait une activité qui se préparait d'aussi tôt; un événement qui a marqué le début de notre petite histoire. Ce fut un dimanche dans l'après-midi, quand une des dirigeantes de l'église avait organisée un moment de remerciement à Dieu, parce que son fils avait passé presque toutes les années à bien travailler à l'école. C'était un geste qui à féliciter et une exemple pour les autres membres qui eux aussi devaient suivre la ligne pour prouver leur gratitude envers ce grand Dieu tout puissant.

Je me rappelle quand j'étais à l'âge de 17 ans, j'avais décidé de prendre un chemin qui pourrait me sauver de tout les maltraitance de ma famille. Même si la solution n'était pas de croire que Dieu allait agir d'une façon à me venger de toutes les personnes qui contribuent à mes blessures, mais je croyais toujours qu'il me défendrait au-delà de tout autre moyen qu'on peut s'en servir pour se défendre contre les adversaires.

Je voulais éviter d'agir à la barbarie, de faire des choses qui pourraient avoir des conséquences négatives sur ma vie. Honnêtement, je n'avais pas fait ce choix parce que tout mes ennemis m'avaient entourés comme un essaim, plutôt, à cause de ma croyance et mon appel à pouvoir servir ce grand sauveur.

Ce jour-là, nous venons à peine de passer le culte du dimanche comme à l'accoutumée, cependant, on avait passé l'annonce pour que tout le monde se rendent chez la chère sœur, monitrice et dirigeante qui avait le visage d'une personne qu'on pouvait se fier à toute chose. Malheureusement, parfois on se trompe en jugeant par l'apparence. | après avoir sorti du culte, je suis aller me déshabiller dans la petite pièce qui est liée au temple comme une chambre de visite. Je portais un chemise à carreaux kakis, un pantalon noir et des chaussures noir parce que je n'avais que cette couleur à ma disponibilité. J'étais un peu brouillé en réfléchissant à certaines conditions qui m'ont déshonoré malgré j'essayais de me retenir, mais, ce n'était pas le genre de vie dont j'avais souhaité de vivre en ce temps-là. Bref! J'avais une faim de loup et j'étais dépourvu d'argent en ce moment-là. Kéty m'avait vendu au pasteur de l'église en lui disant que je rentrais très tard chaque soir sans que personne ne savent où j'étais passé. Je ne voulais plus parler avec elle, encore plus, manger de son pain si elle m'offrirais. Après m'avoir revêtu d'autres habits, je suis rentré à l'intérieur de l'église et me longé sur un banc sans dire à personne ce qui me traversais et ressentis douloureusement.

Seul, abandonnée dans un coin, je n'avais nulle part où aller, d'ailleurs, je voulais éviter de marcher chez cette veille pour ne pas faire la rencontre avec mon ex qui m'avais mis dans cette situation.

Soudainement, la porte de l'église s'était ouverte, comme je ne m'attendais à aucun soutien, je suis resté dans mon silence, calme et souffrant.

En ce moment là où je me pesait l'estomac, je me demandais pourquoi je me suis sacrifier pour répondre aux besoins de Solène, aux besoins de cette infidèle femme qui est devenue la plus grande honte de ma vie ? Et maintenant, où sont passés mes efforts ? Que me servent-ils en ce moment de douleur et de misère ?

— Tham! Elle avait criée, Sultane. On m'appelait souvent de ce nom, et tout le monde me connaissait par ce nom parce qu'il est plus simple et plus facile à utiliser. En réalité, je n'ai jamais aimé qu'on m'appelais ainsi, mais, je ne pouvais pas défendre à personne de m'appeler ainsi pour de très bonnes raisons. Sultane, fut l'une d'entre ces sœurs que je ne peux jamais oublié dans la vie, parce qu'elle était la seule qui voulait vraiment me soutenir sans aucune condition.

Ayant entendu cette voix qui m'appelait, je suis levé aussitôt après deux coup d'appel et tourne la face vers la rentrée pour voir qui m'avait levé de ma profonde réflexion.

Sultane! Ah, quelle surprise ! Je savais que c'était pour me donner quelque chose en la voyant avancée avec une petite nappe bien enveloppée de quelque chose.

— tiens ! C'est pour toi. Je sais que tu n'as personne qui fait cas de toi, alors j'ai pensé à toi. Me dit-elle en souriant.

— Ah! Merci beaucoup madame, c'est gentille de ta part. J'ai dit tout bas. Parmi toutes les sœurs que j'avais connu, après la mère spirituelle que j'avais et qui n'était plus à l'église à cause de comportement d'une série de personnes envers elle, alors elle avait décidé de se rendre à la capitale et ne jamais revenir. Cela me faisait mal quand j'avais appris qu'elle n'était plus là, même si je n'avais rien dit à personne, mais, je portais une blessure qui n'avais aucun moyen d'être penser jusqu'à aujourd'hui.

Chaque fois que je l'avais rencontrer sur mon chemin, c'est comme si j'avais rencontrer ma mère naturelle réincarnée dans un corps unique et spécial. Il y avait une connexion entre nous, même si dans ce cas, je ne pouvais pas dire qu'elle avait ressentis les mêmes sentiments, mais moi, c'était... Comme si j'avais retrouvé une mère qui était perdue au milieu de nulle part.

Maintenant, que va t-il se passer au moment de cette action de grâce ? J'ai pris la nourriture et franchi la petite porte. Kéty m'avait fait un regard paniqué et peut-être, avait eu l'envie de s'exprimer. Les yeux croisés, mais... Qu'est-ce qu'il y a encore ?

Coup de surprise

Quand l'éventuel événement commençait à se dérouler, je fut l'une des personnes qui fut arrivé à quelques minutes de retard, parce que je me préparais pour le boulot du jour suivant et pour ne pas manquer l'évènement, j'étais obligé de faire tout d'un coup.

Le monde était bien présent, c'était pareil au culte de la matinée, sauf que la différence, c'est que ceux qui dirigeaient dans le culte matinal n'étaient pas à la direction de ce programme.

L'organisatrice est une habitante logée près du collège et de l'église également, d'après ce que les gens disaient certaines fois, c'est la même famille que le révérend de cet église. Je dirais quasiment, une église de famille.

Comme pour chacun, la croyance est une chose certaine et arbitraire; justement, je commençait à me mettre dans la peau d'un croyant qu'auparavant j'avais tout les critères de l'être.

À cause du traitement de ma famille, j'avais fait une marche arrière et me replié sur moi-même sans se soucier de mon engagement envers ce Dieu tout puissant. C'est la raison pour laquelle, j'ai mis devant moi l'objet de pouvoir me satisfaire et de trouver le moyen de me combler, ainsi que, d'apaiser mes souffrances.

Après avoir assister au culte du remerciement, il y avait un petit repas, chacun un petit plat et une bouteille de jus venant de la brasserie haïtienne.

En attendant, je discutais avec un confrère qui me semblait être à la hauteur de comprendre la vie. C'était un homme marié et père d'un petit garçon, il avait de grands yeux, la taille d'un manguier mais maigre comme un crayon. Il me donnait des conseils pour ne pas me laisser emporter par le désespoir, j'avais compris qu'il était l'un parmi les frères les plus encourageant de l'assemblée chrétienne de la grâce. Cependant, il avait des traits qui n'allaient pas aux normes de la chrétienté, et ça, plus tard je saurai les découvrir à travers la confiance qui se liait entre nous comme frères croyants.

Quand il avait déplacé pour aller salué ses autres confrères, une surprise ! Rose, de son visage brillant et d'un sourire qui m'avais mis dans une profonde inquiétude, est venue vers moi pour me faire cette bonne surprise.

Ses yeux dans les miens comme un fait incertain, j'essayais à ne pas sourire, le voleur s'est envolé et il n'y avait plus de résistance à faire...

— salut ! Elle a dit, Rose, en me regardant d'un air heureuse.

— salut ! Est-ce que ça va ? J'ai demandé. Elle fut la dirigeante du culte de ce petit moment de remerciement, je n'avais jamais arrêté de la regarder fixe dans les yeux, heureusement, j'avais eu une idée qui m'avais fait sentir qu'elle pouvait être troublée de sa fonction, alors, j'ai pu cessé et plutôt baissé la tête.

— euh... Je crois que tu en voulais quelque chose de moi, non? M'avait dit Rose qui exprimait une forte joie sur son visage.

— quoi? Mais, de quoi tu parles ? En réalité, mon esprit n'était pas stable pour me faire souvenir et me faire comprendre de ce qu'elle était entrain de me parler.

Elle avait fait une petite geste qui essayait de me faire souvenir, elle avait haussé les paupières et ouvre grand les yeux.

— le numéro de téléphone, tu ne veux pas ? Affirme t-elle. Cela ne t'intéresse pas ? Tu veux tout abandonnés ? M'en avait-elle interrogé par sa voix de supplice qui exprimait une forte doute. De sa voix apaiser, elle ne voulait pas que personne puisse découvrir ce que nous étions entrain de partager, alors, elle avait pris ma main en me disant de la suivre hors de l'espace qui était rempli de monde.

— Ah! Excuse moi Rose, mon esprit est tellement occupé, je... Ce n'est pas de ma faute. Bien sûr que je le veux ! J'ai répondu en souriant.

La plus grande surprise que j'avais eu depuis que j'avais quitté ma maison, je croyais qu'elle avait même oublié ce sujet, pourtant, elle avait choisi un moment spécial pour me faire cette surprise.

Alors, elle l'avait fait avec le cœur vivement ouvert et je savais pas pourquoi ; tout ce que j'ai pu constater, c'est que les mots qu'elle avait employée à propos de moi, certainement, c'est parce qu'elle avait voulue que je m'adresse à elle et l'imposer quelque chose de spécial. Certes, j'ai entendu parler de ce songe qu'elle avait expliquée à ses amies et sœurs de même groupe, cependant, elle avait un œil cacher sur un homme tel que moi sans que je le sache. Une sorte de jalousie qui était accompagnée d'une envie d'aller plus loin par rapport au mur que je n'avais jamais traversé, le mur qui désignait que nous n'étions que des frères et sœurs dans la foi. Le pire dans tout ça, c'est qu'il y avait un autre œil que je n'avais pas encore découvert mais, cet œil était entrain de suivre mon comportement et s'y attendait au bon moment pour se faire dévoiler. On dirait que, j'étais pris dans une nasse et qu'il y avait du pari pour me tirer au sort, c'est sûr !

Je suis parti après que tout fut abouti à la fin. Mon téléphone était sur mes bagages et je me déshabille pour aller me reposer après une longue journée. J'ai vu allumé l'écran de mon téléphone, celle-ci qui, depuis toujours, n'arrive que par accident. Puis, je l'ai pris pour vérifier de quoi il en est.

Un appel manqué de mon ex. Mais... Je croyais qu'on avait fini à toutes nos discussions ! Je me rappelle l'avoir parlé après la deuxième fois qu'on avait eu notre petit relation sexuelle dans la petite pièce dans le secret, je l'avais défendu de parler à personne que nous avions des moments secrets durant notre espace de séparation, mais aussi, je l'avais affirmer que j'avais pris la décision de ne plus coucher avec elle et que j'avais enfin mis fin à tout ça. Peut-être qu'elle n'avait pas compris ? Ou qu'elle avait pensée que je ne pouvais pas tenir ma parole parce qu'on ne pouvait pas réellement nous séparer de nos sentiments ? Bien sûr que non! Au départ, c'est moi qui avait des sentiments réel et maintenant, elle ! Malheureusement elle avait fait une très grande erreur. Cette fois, ma décision était prise et j'avais découvert qu'il y avait quelque chose qui voulait me piéger à travers cette histoire, heureusement, j'ai fini par prendre un vrai recule malgré que je devais arrivé au point de contrôler mes envies et mes désirs sexuelles.

Après mon premier et dernier expérience à cette jeune fille de 16 ans alors que moi, j'avais vingt ans quand on s'était rencontrés. Je me rappelle avoir mis une fin sincère et nous n'avions aucune relation après que tout était terminé entre nous.

À cet âge, je voulais seulement sauver sa valeur, l'aider à ne pas continuer à vendre son corps pour de la nourriture ou de l'argent. C'est pour cela que je travaillait dans ce garage, où il y avait un tas de jeune garçon qui se moquait de moi, parce qu'elle avait couchée avec plusieurs d'entre eux simplement pour les même raisons dont je voulais l'empêcher de continuer à faire face. Malheureusement, elle n'avait rien compris et avait continuer dans la même voie en dépit de tout les efforts que je faisais pour la satisfaire.

C'était pareil pour cette femme qui avait déjà trois ou quatre enfants, mais aussi, à son âge de 32 ans, elle devait être en mesure de choisir une vie normale et de construire un foyer pour en finir à toutes mauvaises expériences.

Alors, je n'avais pas trouvé une vraie raison de poursuivre notre relation dans l'ombre, parce qu'elle avait tout affiché par son comportement et avait fait la même chose que cette gamine.

Étant donné que je devais trouvé la maîtresse de mon cœur, je me suis donné cette chance, par conséquent, je devrais aussi éviter de prolonger nos rapports sous aucun prétexte, éviter de confessé chaque fois pour la même chose.

Alors, c'était la première fois que j'avais eu une telle surprise d'une femme que je me suis rendu compte qui était plutôt capricieuse, qui m'aimait sans vouloir que je le découvre dans toute sa vérité. J'avais à ce moment-là, quelque chose qui me faisait réfléchir autrement, et j'étais entrain de tomber amoureux tout carrément.

Non ! Mais... Quelle évidence ! Je commence à plonger dans l'ombre le plus profond, avec un cœur qui se pagaille d'un couloir sans fond. Puis, on étaient séparé l'un de l'autre tout suite après, dans la nuit, je suis resté les yeux ouvert comme par exprès ; pourtant, je devais dormir parque demain ce sera fatiguant, Essayant de bien comprendre ce jeu que je trouve emmerdant.

Je l'ai envoyé un message pour la souhaiter bonne nuit et la remercier de sa qualité, que cette surprise m'avait fait sourire et m'avait touché tout au fond du cœur.

Elle voulait passé à côté, pour se montrer forte et bienveillante, elle m'a dit qu'elle avait ressentis une poussé qu'elle ne pouvait pas tenir plus longtemps et ça m'a fait rire comme une blague qui console.

Bientôt, ce sera une journée de culte toute entière et on appelle ça : jeûne de six pour six. C'est-à-dire, on commence à six heures du matin et on se termine à la même heure de l'après-midi. C'est un moment symbolique qui se tient comme une condition à ne pas manquer tout les débuts du mois de décembre.

Quand je parvient à dormir, c'est comme fermé les yeux en quelques secondes puis l'ouvrit à la suite. La clarté commençait déjà à frapper sur le cloison et pénétrer à travers les fenêtres de bois.

Soudains, mes paupières se forcent à déchirer la voile de la vue sous la levée du jour fluorescente.

J'étire un peu mes muscles en me débarrassant de mon drap bleu, puis, je file ma main à côté de mon lit pour prendre mon téléphone.

Après avoir fait quelques minutes à respirer, j'ai ramassé mes affaires et me rendre dans la petite pièce pour me préparer à une éventuelle journée de travail sans réfléchir à la semaine dernière qui m'avait rendu très fatigué.

Après avoir pris une bonne douche, je commençait à m'habiller comme un rat qui se débrouille pour ne pas manquer l'heure, un petit message montait en notification sur mon téléphone qui n'était pas trop loin. Ah! Bien sûr ! J'avais pensé à ça. Rose, voulait savoir si j'étais déjà réveillé, malheureusement, je n'avais pas de crédit pour répondre à son texte alors, je l'ai déposé après avoir lu le message. Ensuite, j'ai pris un morceau de pain et de l'eau.

Déjà, le soleil commença à se lever et beaucoup de gens reprenaient leurs activités.

Ayant pris le chemin de l'école, je ne pouvais pas envisagé le geste de Rose comme une conception émotionnelle, cependant, je croyais qu'elle voulait honnêtement marcher sous mon ombre et accepte que ce songe avait vraiment l'emprise sur notre avenir.

Par conséquent, je devais me rappeler aussi que ce misère qui, tombée sur ma tête, était dû au confiance que j'avais en une femme qui m'a trahi de façon inattendu. Et non! Pas elle! Je ne pense pas qu'elle a l'intention de me faire la même chose, pendant que, c'était mon dernier choix, la dernière chance pour retrouver mon âme-sœur, disons : la maîtresse du cœur.

Je me demandais sûrement, si elle était prêt à souffrir, prêt à se battre pour tenir notre relation si jamais nous avons atteint la phase unique de l'amour.

Ma route n'a jamais été facile à prendre, mais la maîtresse soucieuse, serait bien comment marcher sur le rivage.

Après avoir gagner la cours de l'établissement, je me suis directement plonger dans la direction parce que j'étais le premier à être présent de si bonne heure, mais malheureusement, pas de très bonne humeur.

Cette femme qui, avait vidée toute ma confiance, m'a appelé et j'ai refusé l'appel entrant, il n'y avait plus de place pour un ex parce-que je devrais éviter toute confusion.

Rose, n'avais pas l'idée de ce qui était entrain de nous arrivés à nous ; mais moi, ma conscience se déchaîne et une partie de moi tenait toujours à la vengeance.

— Bonjour professeur ! Me dit l'ami qui vient juste d'arriver. Mathurin, plus doux que moi, travaillait aussi à la promotion primaire. Il travaillait selon sa capacité tout comme moi, mais, il était un peu faible dans sa fonction.

Son teint brun réside une couleur clair comme le soleil, ses yeux noirs et son nez pointu lui avait donné une ressemblance avec un dominicain qu'il n'était pas en réalité. Il marchait en balançant, il est toujours porteur d'un sourire pâle et il s'intéresse a tout les projets qui correspondent à un futur désirable.

Je l'ai considéré comme un ami parce qu'il me parlait toujours d'une grande sincérité.

— bonjour ! Comment ça va ? J'ai demandé à Mathurin qui sourit largement.

— et bien... Ça va aller ! Et pour la copine ? Il a rétorqué.

J'ai rit légèrement et il avait compris que cela paraissait comme une blague.

— tu plaisante ! Je suis au pied du célibat à présent, je me suis débarrasser de ce que j'avais auparavant, parce que, c'est à cause d'elle que je suis ici aujourd'hui. J'ai répondu, calmement.

— je comprends cher maître, ces histoires arrivent souvent. Il a susurrer en riant. Sa chemise blanche liée à son pantalon noir et ses chaussures noirs lui faisait ressembler à un jeune homme de vingt ans.

— je ne sais pas à l'avenir si j'aurais de la chance d'avoir une femme qui me convient, pour le moment, je suis abord d'un navire sans capitaine. J'ai précisé à l'ami qui était debout devant la porte de la direction de l'école.

— c'est ça ! Je suis d'accord avec toi. Il a répondu, les dents jaunâtres mis en compte par un petit éclatement de rire. Il s'en est allé vers l'emplacement de sa classe, et j'étais resté à attendre jusqu'au moment de la montée du drapeau national.

Grâce au bon Dieu, j'avais trouvé de la force pour travailler avec mes élèves jusqu'à la sonnerie de la cloche pour la récrée.

À la récrée, je suis assis sur un banc installé sur la cours à côté des salles de classes.

Mathurin m'a rejoint ci-après les élèves de sa classe eussent quitter la salle, son visage était un peu fané, essayant de comprendre la situation que je vivais au même instant, j'avais compris la cause qui l'avait un peu dévisager.

— je suis très impatient de trouver une copine, mais je ne suis pas sur le point de forcer la vie. La seule chose, c'est que j'ai parlé à quelques une mais qui n'ont pas encore répondu à ma demande. M'avoue t–il, Mathurin.

— tu sais mon ami, les filles sont comme ça ! Elles veulent toujours nous font souffrir avant d'accepter nos concertations. J'ai répondu.

— bien sûr cher maître, tu dis vrai.

Par delà de notre conversation, la barrière de l'école s'est ouverte avec un petit bruit un peu nuisible. Ce fut le secrétaire qui était allé ouvrir parce qu'il n'y avait pas de gérant pour la barrière.

Une femme, un visage que j'ai croisé pour la première fois en plein service à l'église. Cette femme, je ne la connaissait sûrement pas, mais, peut-on toujours s'attendre à des surprises de la vie ?

Drôle de folie

Cette femme, elle était passé sous mes yeux comme un oiseau qui avait un message à fournir. Il ne s'agit pas de moi à vrai dire, mais, elle m'a fait un regard qui m'expose à faire beaucoup plus de réflexion.

Mince! Il y a également une petite vibration qui traverse tout mon corps, la crâne de ma tête en particulier et me donnant de la chaire de poule. Je trouve que c'était étrange de vivre cet émotion sans savoir pourquoi, d'habitude, la crâne de ma tête reçois ce genre d'ondes surnaturelles dans des moments inattendus. Quand ce genre de chose m'arrive, je ne sais jamais pourquoi, ni d'où ils proviennent ces courant que font vibré ma tête.

Elle fut entrée à la direction, et moi, j'essaie d'éviter toute concurrence.

C'était une des fidèles de l'église qui n'était pas certainement baptisé par le pasteur de l'église mais plutôt, affiliée.

Grasse, mais de taille moyenne, contrairement à rose qui était un peu plus courte qu'elle. Son visage bien arrondis, et est porteuse d'un rire fou quand elle parle.

Mathurin, un homme presque pareil, me fait une tête que je fais semblant de ne pas comprendre ; cet un homme qui a l'air d'être déterminer quand il croit que quelque chose peut lui servir d'un jour à l'autre. Il avait cette qualité, tout comme moi.

— cette femme à l'air charmante, tu l'a connaît ? Me demande t-il, l'ami.

— vraiment ! Je ne la connais pas en vrai mais... Je l'ai déjà vue quelque part à l'église du responsable. J'ai dit.

À ces mots, j'essaie de comprendre que la raison de sa présence n'était certainement pas dû à des fins pédagogiques, plutôt, quelque chose qui pourrait être entrain de discuter en secret.

— maître tham, c'est difficile de dire que c'est pour la caution et surtout, c'est la première fois que je vois ce visage. M'avoue Mathurin qui sourit froidement.

— j'en doute fort, je ne sais rien.

Tout à coup, la cloche avait pousser l'alarme de pouvoir reprendre les cours, puis, nous nous sommes séparer.

Cette fois, je suis rentré chez moi, alors, à l'église ! C'est l'unique refuge que j'avais trouvé, sinon, je serai peut-être quelque part dans la rue. Mais heureusement, Dieu à voulu garder mon âme hors de portée et ne m'avais pas rejeté malgré mes transgressions.

Je me rappelle ce jour-là, j'étais malade, alors, jusqu'à ce moment ou je parle, je souffre d'une maladie qui me ronge comme un raton laveur.

Inopiné, j'ai été attaquer par une hémorroïde sans égal, une maladie qui m'avait envoyé à l'hôpital en urgence. Chaque jour de ma vie, je ne pouvais pas contrôler mes souffrances, celui de l'esprit et celui du tranche corporelle.

Chaque fois que j'irai à la selle, ce fut une persécution pour toute la semaine, même si je prenais des doses pour la douleur, c'est comme si c'était rien qu'un simple petit jeu.

Un peu souffrant à ce moment-là, mais, je ne pouvais pas tourner mon regard contre ma propre perception.

Je m'efforçais à faire mon boulot jusqu'à ce que les heures s'écoulent, le directeur, il m'avait fait un suppléant pour la secondaire et parfois je donnais des notes aux élèves. Je ne l'avais pas fait parce qu'il me l'avais demandé, mais, j'aimais bien mon travail et je voulais me donner tout entier, même si beaucoup de fois, je passe toute la journée sans avoir goûter de rien à cause de mon insuffisance moyen financière; quand je reçois le paiement, cela ne suffit même pas pour passer une bonne semaine à me tenir, malgré cela, j'étais obligé de ne pas regarder en arrière parce que je n'avais personne à qui je pourrais m'adresser si j'en avais besoin.

Quand nous nous sommes relâcher, j'avais de la craie partout dans les mains et mon pantalon noir avait été bien saupoudrer, blanchis comme si était entrain de perdre sa couleur pour donner naissance à une autre. La faim s'est croisé sur mon chemin, j'avoue que je ne pouvais qu'avaler mes salives pour de la nourriture.

Cette fois, j'ai fit un geste malicieux pour ne pas rester trop tard dans la direction, car, c'est semblable à un ours qui sort d'une vallée sombre et dépourvue de proie.

— alors, tu ne va pas rester avec nous professeur ? Me demande le secrétaire qui paraissait très confortable à son poste. Il s'appelle Paul, âgée, mais il a le visage d'un jeune garçon qui peut encore se faire coureur de jupe. Hahaha ! Mais bien sûr que non! C'est un homme marié et responsable d'un foyer, son visage ne fut pas différent à celui d'un petit singe mais pas trop semblant. Il porte toujours une chemise rouge, un pantalon de crème chocolat et des souliers marrons, c'est une personne très soucieuse et très calme qui parle d'une voix tendre, d'une souplesse comme une femme qui mène sa politique en se défendant.

— écoute, je ne me sens pas trop bien et je dois faire de la lessive. J'ai dit, le visage tomber et démasqué.

— Ah bon! Ce n'est pas une habitude, j'ai bien compris cher maître. Dans ce cas, je suis obligé de rester pour couvrir l'heure parce que tu sais, le directeur est déplacer pour deux heures de cours. Révèle t-il, on pouvait comprendre sa résignation, il a des enfants. Heureusement pour lui, le mieux payé au milieu de nous tous c'est lui, cela veut dire, qu'il n'avait pas à se plaindre mais avait seulement à se faire un bon compte-rendu.

— je suis le seul à tout faire, pour ce qui concerne la direction, je pense qu'il est préférable après que tout les élèves ont quittés la cours, de fermer et de remettre les clés à sa femme.

— c'est vrai, tu as raison. Me dit-il. Dit donc, comme je sais que tu n'es pas trop loin, tu peux venir le chercher après une vingtaine de minutes ? Il m'a demandé à voix basse.

— je te l'ai déjà dit mon ami, je vais être très occupé, d'ailleurs, j'ai un parquets d'autres choses à faire aujourd'hui malgré ce que je suis entrain d'endurer pour le moment.

— d'accord maître tham, je vois que tu as raison.

Alors je suis parti, en route pour rentrer à l'église, dont, le seul refuge que j'avais. Arrivé à la base, je comptais me reposer un peu, mais, je devrais trouver quelque chose à manger, alors je suis parti avoir déshabiller et rhabiller avec d'autres habits.

Je me suis rendu chez la vieille dame qui était une amie qui savais vivre et se soucie des autres. Un jour elle a dit : si j'avais de l'argent, je t'emmènerai au marché de darbonne pour te faire procurer des chaussures et des habits; j'en avais beaucoup besoin de ces choses-là, mais, je vivais une situation très difficile et je ne pouvais pas arrivé à me faire des dépenses réelles.

J'étais entrain de vivre une calamité, et tout ça, à cause de ma retissante opinion de vouloir protéger un amour que je croyais vrai et sincère.

Arrivant chez madame blanc, je fais semblant que tout va bien, j'essayais de ne pas affiché un triste visage.

Son mari, un cireur de bottes, il devait faire la même chemin que sa femme, il avait fait semblant d'être chrétien et pourtant, il avait des pratiques contraires aux principes de la parole.

Il avait à-peu-près la taille d'un citronnier, il aime rasé ses cheveux et l'on pouvait voir son visage comme un miroir quand le soleil s'abat sur sa tête. Rouge de peau, le nez cassé, le visage ovale et il avait toujours l'apparence d'un homme civilisé quand quelqu'un vient chez lui. Celui qu'il n'était pas en réalité.

Il fume en cachette et joue à la loterie, comme bon lui semble sans que personne ne pouvait le savoir, mais sa femme, si! Elle le savait et il l'a même agressée à cause de toute ces histoires.

Bref! La veille dame, malheureuse dans son foyer, m'a donné cinquante gourdes quand je lui ai dit que je n'avais pas de crédit sur mon téléphone. Je voulais refusé, mais, elle avait insisté. Ce devise qui, depuis l'année 2012 jusqu'à aujourd'hui est censé disparu sur le territoire haïtienne.

Coup dur pour la population, une source d'alimentation pour les politiciens pirates.

— je suis entrain de préparer quelque chose à manger, ce n'est pas encore prêt mais... Je souhaite que tu vas attendre encore un peu avant de repartir ! Elle a dit, la vieille dame qui avait les cheveux gris et quelque dents manquantes.

— je ne pense pas vouloir rester trop longtemps, je dois aller faire du lessive et préparer le cours de demain. J'ai répondu sagement.

— ne soit pas injuste mon compère, même si tu ne veux pas rester pour manger, tu peux quand l'apporter avec toi. Je sais que tu vis une situation difficile, même si je n'ai pas beaucoup mais je t'aiderai comme je peux, je ne suis pas une égoïste. Elle a répondue.

— je sais ! Et je n'ai jamais dit que tu étais une égoïste. Avec le respect que je vous droit madame blanc, comment oserais-je ?

— en parlant de ça, la dame était venue me voir ce matin et elle m'a donné quelque chose pour toi. M'avoue t-elle en riant.

— Ah oui ! Mon anniversaire n'est pas encore eu lieu et... Je n'accepte pas de cadeau de cette femme.

— Ah! Elle rit. Ce n'est pas parce qu'elle avait pensée à ton anniversaire tham! Elle a exclamée. Sa dernière petite fille entre ses jambes et la peignit calmement. D'après ce qu'elle m'a dites, tu avais des lunettes que sa petite fille avait cassé et elle avait décidée de t'en acheter une autre paire parce qu'elle croit que tu en as besoin pour aller travailler à l'école. Elle a ajoutée, Rosemène. D'où son vrai nom, je croyais que c'était ma chance de faire face à ce nom : Rose. C'est la première fois que cela m'étais arrivé.

— mais... Je ne l'ai pas demandé! J'ai vociférer.

— calme toi mon prof, elle a fait ça parce qu'en fait elle avait trouvé un emploi. C'est un geste qui signifie qu'elle veut prendre sa responsabilité envers toi et m'a aussi avouer qu'elle t'aime toujours. Raconte t-elle, Rosemène.

— ça, non. Même si elle possédait tout les trésors de ce monde, je ne me remettrai jamais avec elle à cause de son infidélité. Pour les lunettes, peut-être que je peux forcer de les prendre, parce que c'était les miennes. J'ai vécu trop avec elle, tout ce que j'ai fait pour garder notre relation, ne m'avait-elle pas regarder comme un chien de la toile ? Il n'y aura jamais rien entre nous après tout ce temps.

Elle a appelé l'un de ses petits garçons qui était entrain de faire de la vaisselle avec sa sœur, qui, m'apporte après une courte instant, les lunettes dans une petite plastique toute neuve.

— j'ai entendu dire qu'il y aura un moment de jeûne à l'église de Pierre Louis, même si tu ne m'a pas invité mais je souhaite venir quand même.

La plus petite dont elle peignait, essayait d'attraper quelque chose par terre, ce qui l'a insulter et la pousser à la taper sur la main. " ne faites pas ça ! " elle a crié, madame blanc.

J'ai regardé les lunettes, noires, je n'aimais pas la forme de ces dernières, mais, je suis obligé de les garder parce que j'en avais besoin pour la poussière.

— oui, c'est vrai. J'avais oublié de te le dire, j'ai tellement de choses en tête ! J'ai répondu.

Mais... Qui pourrait bien avoir fait ce bien ? Je doute bien que ce serait cette femme qui l'a dit.

La voix nouée, j'avais ressentis quelque chose qui m'a conduit à la réflexion. Et si je devais faire semblant de mener deux vie à la fois ? Cela me paraissait complètement insensé, je devais visé le futur, voir une vie meilleure et respectable.

— et tu ne vas pas me croire, elle m'a dit qu'elle y sera aussi. M'avoue t-elle, portant un sourire sur le visage qui m'avait l'air d'une plaisanterie.

Bon sang, quelle est ce drôle de folie ! Mes yeux s'ouvrirent grandement, pour quelques instants, je suis resté stabiliser tout en gardant la bouche bée.

Tentative échouée

Les nuages caresses le ciel bleu sous la diligente pression de l'air tropical. Il commence à faire froid en début de décembre, mais, jamais il n'y eût de neige.

Quand j'étais petit, je me disais quelques fois : « pourquoi il neige dans les autres pays et jamais en Haïti ? J'aurais tellement aimé de marcher sur la neige ! Cela pourrait être bien amusant. »

J'ignorais la position de cet île qui se baigne dans l'océan atlantique, avec le temps, j'ai compris que c'était des idées qui n'avaient aucun sens, ni aucun rapport avec la réalité.

Kéty, fût un peu rapprocher de moi et je l'avais acceptée sans vouloir faire découvrir mes fausses sentiments. Depuis qu'elle avait commencée à me faire des tours à tours, j'avais perdu confiance en elle et je ne pouvais rien la raconter.

En cette belle matinée, avant de me rendre au boulot, elle m'a laissé quelques figues et du pain sur la table qui se situe juste à côté de nos bagages. Cet ami dont je me rappelle, n'avais jamais eu ce genre de comportement envers moi, même si parfois on discute des sujets personnels, on y arrive souvent à nous mettre sur le chemin de l'entente parce qu'on n'a rien contre l'autre. Cela suffit pour savoir qu'un vrai ami cultive beaucoup de patience et de bonté envers nous, malheureusement, nous nous sommes séparer et je dit toujours que c'est le destin qui fait son chemin.

Parfois, nous sommes les seuls à pouvoir combattre une vie, le seul à avoir de la couille pour grimper au plus haut de l'escalier, ce qui, honnêtement, n'est jamais facile à faire.

Kéty, au début je voulais la considérée comme une mère, elle m'avait pris en charge et m'avait fait croire qu'elle était la seule à qui je pouvais avoir confiance.

Au fil du temps, je fini par comprendre que ces mauvais présages étaient dû à de la jalousie, peut-être qu'elle avait quelque chose de contraire à mitiger? J'avais ressentis ses folles émotions.

Ce matin là, j'avais obligé de l'accepter comme cela paraissait en vrai. Après avoir terminé mon petit déjeuner, je suis passé prendre une bouteille d'eau pour me rafraîchir de temps après avoir mené tout l'effort possible pour garder les élèves éveillés et moi, je voulais passé à côté de tout pour qu'elle en avoir aucune idée de ce qui se passe ici en Haïti.

Ce pays, l'un des plus reconnu pour son insécurité malgré son indépendance garantie. Comme il appert de telles réflexions pour me décourager nettement ! Au faite, ce n'était pas trop grave en réalité, parce que l'histoire révèle que ce pays à combattu pour son avoir.

Avant de quitter la petite chambre, je suis passé dire au revoir à Kéty et la remercier pour son geste de solidarité ; après cela, j'ai pris mes documents et s'en alla.

Quand je suis arrivé sur la cours de l'école, je me rappelle d'avoir vu un message de la part de Rose qui m'avait demandé si tout allait bien, alors, j'ai vite fait un plan pour avoir une cinquantaine de priorité à l'envoie des messages.

" Salut Rose, je m'excuse d'avoir répondu en retard à ton message, j'avais tellement de soucis que ma cervelle à pu tomber sur ma nuque ; j'ai pensé à toi toute la soirée et au passage, je voudrais te dire que je n'ai pas à te dire seulement des phrases ludiques ; mais crois moi, il y bien plus précieuse à te dire, quand je t'ai vu venir vers moi, mon cœur s'est fondu comme de la cire, maintenant qu'on peut dire ce que nous en avons sur le cœur, je veux que tu saches que j'ai t'ai choisi pour m'emmener loin du malheur. "

D'où sa réponse, j'ai compris que je pouvais aller de l'avant, dire tout ce qui pouvait lui faire plaisir.

Nous avons pris toute la journée à envoyé des messages, pour moi, ce n'était qu'un bon début, mais, quand je lui ai demandé si elle avait accepté que nous soyons ensembles elle et moi, elle m'a fait savoir qu'elle attendait quelque chose de moi, que le boulot que je faisais ne pourra pas nous emmener là où nous espérons pouvoir y arriver. Cependant, je voyais comme une injure, j'ai compris qu'elle voulait que je puisse être mis dans la peau d'un homme riche.

Premièrement, je me suis rendu coupable d'avoir intégré dans cette histoire, je l'ai fait simplement parce que je voulais me montrer fort et brave à affronter n'importe quel obstacle, à prouver que j'ai de la couille pour adresser et même diriger n'importe quelle femme. Par contre, je n'ai pas peur de tout fichu en l'air et recommencer une autre histoire d'amour.

Alors, j'ai gardé le sang froid et sur ce, je n'ai en aucun cas placer mon opinion.

J'adorais bien mon travail, la seule chose qui me retenait, c'est parce que le salaire n'était pas convenable pour les tâches que j'avais à réaliser.

Une invitation à dîner avec Rose ne serait pas trop mal! Mais... Je pense que cela pourrait avoir une incidence directe entre nous et je devrais éviter de ne pas la forcer à me suivre après ces théories qui m'ont toucher vivement.

Pourquoi devrais-je me laisser planter là dedans ? Peut-être, c'est un moyen pour me faire peur ! Pour faire face à ma faiblesse sentimentale ? C'est bien essayé mais, je n'abandonne pas très facilement.

Son père, il a de mauvais caractère, mais, j'arriverai à le convaincre si un jour je devrais me présenter devant lui, c'est ce que je croyais toujours en passant. | au moment de la récrée, je voulais profiter pour continuer à lui envoyer des petits messages qui pouvaient la toucher de manière sincères, mais elle n'était plus disponible pour répondre aux textes envoyés.

Elourdes, cette femme que je voulais éviter de mon chemin, m'a appelé subitement ; je ne voulais pas répondre à son appel parce qu'en effet, elle ne devrait pas le faire parce que je l'avais demander de tout effacer de sa mémoire. Contrairement à Isabelle, je l'avais beaucoup appréciée par qu'elle avait compris que je ne faisait pas partie de sa vie, qu'elle n'avait qu'à vivre sa propre histoire d'amour.

Mathurin, n'était pas trop éloigné, chaque moment de la récréation, nous nous sommes assis sur le même banc au-dessus d'un manguier qui donne de l'ombre à côté d'une des classes primaires.

— c'est ton téléphone ! Me dit-il.

— Ah! Ce n'est pas trop important. J'ai susurrer.

— comment comprends tu le salaire de cet école, je trouve injuste de pouvoir travailler pour si peu d'argent. Il a avancer.

— de la même manière que toi mon ami, malheureusement qu'il n'y a pas d'autre choix. Il rit.

— c'est vrai. C'est un peu désobligeant. Mais, je connais certains directeurs qui paient mieux, cependant, ils ont déjà trouver le nombre de professeurs suffisant.

— quel dommage! J'ai une nouvelle petite amie. J'ai avoué. Il était un peu déconcentré, mais il avait toujours du bon genre. Je me demande si lui il aura assez de couille pour convaincre une femme comme on l'avait imaginer de moi. Aussi loin que je me rappelle, il m'a dit qu'il était entrain de cotisé certaines dont il avait croisé dans ses parcours.

— alors c'est une très bonne nouvelle !

— non, c'est plutôt une mauvaise ligne à prendre. Elle m'a fait savoir que je devrais avoir beaucoup si je voulais bien l'épouser. Et tu sais à l'église, on accepte pas le concubinage.

— et bien mon cher, tu dois réfléchir à ce que tu veux faire ! Si réellement elle se tient à toi, elle t'attendrais.

— vraiment ? Tu crois ça ! Cela pourrait prendre combien de temps d'après toi mon ami? Je vais seulement continuer à la suivre, si vraiment elle m'aime, elle m'accepterai tel que je suis, et dans le cas contraire, c'est raté!

— parfois, tu sais, les femmes sont très compliquées..

— et bien messieurs, j'ai un message à vous faire passer, comment allez-vous ? S'époumona le secrétaire qui est apparu soudainement.

Nous avons observer quelques secondes de silence, puis Mathurin lui avait répondu :

— tout va bien pour le moment. Dit-il.

— très bien. J'ai le plaisir de vous informer que nous aurons une petite rencontre samedi prochain, je souhaite vous voir vers les dix heures du matin. C'est dans le cadre d'une planification et d'une séance de formation.

J'étais là à observé et à entendre ce qui se disait, je n'ai point ouvert la bouche et jusqu'à ce que nous étions relâcher pour rentrer chez soi.

— très bien monsieur, nous ferons tout ce qui est en notre pouvoir pour être là. Il a répondu, Mathurin.

Après avoir bouclé cette discussion, nous avons pris notre temps pour terminé la journée, après cela, je suis rentré dans mon refuge, me rhabiller après avoir mangé quelque chose. Kéty, avait en programme de pistache qu'elle voulait aller faire moudre à la ville et elle m'avait demandé de bien l'accompagner. J'étais comme une pierre placé dans un coin pour mûrir au soleil, alors, j'ai accepté de partir en ville avec elle.

Je n'avais pas de véhicule à ce moment-là, mais j'espérais un jour me faire procurer un vélo pour les déplacements. Rien à raconter, je garde mon secret afin de pouvoir nous protéger dans cette affaire.

Nous avons descendu au cœur de la ville, on l'appelle souvent : la cité d'Anacaona. Nom ancien d'une reine qui a vécu sur cet île. La rue est poussiéreuse comme toujours, dangereuse avec les motards qui roulent comme des maladroits.

Après avoir fait transformer les pistaches, nous sommes retournés à pieds, comme nous l'avions fait pour nous rendre.

Arrivés dans le quartier, seulement à quelques marche de l'église, une servante qui marchait dans la même assemblée que nous m'a fait un petit signe quand elle m'aperçu arriver. Et les yeux ont vu cette traître, cette garce qui a brisé ma vie et en a mis en miettes ma confiance.

La dame m'a subitement demander de la rejoindre, elle était mariée avec un homme un peu sadique mais... Pour de simple et bonne raison, je ne voulais pas me faire coupable devant qui que ce soit. Alors, je suis retourner avec un parquets sous la main, Kéty avait restée avec elle pour de simple salutations, comme je refusais de m'approcher, je l'avais laissé en poursuivant le chemin.

— alors mon frère, j'ai entendu que cette femme est ta concubine et que tu veux faire semblant d'être plus au barque, dit moi ce qui cloche chez toi. Laça sœur Marie Ange qui prenait ça pour une blague.

— écoute moi, j'ai répondu. Entre elle et moi il n'y a rien et il en aura rien, d'accord ! C'est bien essayé mais rien ne changera ma position.

— mais... Elle m'a dit qu'elle ne t'a rien fait et que simplement, tu es sortie de chez sans qu'elle ne t'avais demander de le faire! Mais, tu es chrétien et si vous voulez vous marié, c'est avec une immense plaisir que l'assemblée souhaiterait vous aider. Elle a dit, Marie.

— qu'est-ce que tu racontes enfin ! Elle est cinglée, et je pense qu'elle ne vous a pas donner tout les détails. Cette femme est une menace pour mon avenir, j'ai tout abandonné pour elle et m'a trahis, elle m'a trompé et m'a donné le pire traitement que je n'avais pas mérité. Désolée, vous ne comprenez rien. J'ai dit.

— elle m'a aussi fait savoir qu'elle porte un enfant de toi, tu ne peux pas l'abandonner ainsi ! Non?

— écoutez donc, peut importe ce qu'elle vous a dit, ce ne sont que des mensonges ! Rien que parce qu'elle veut que j'arrive à accepter de me remettre avec elle. Mais, au grand jamais, ce n'arrivera. Cette circonstance m'avait donné de la nausée, pour éviter le pire je n'avais qu'à déplacer et fuir loin de cette discussion parce que si je reste, cela pourrait apporter de mauvais injures. Alors, je suis parti et les laissant discuter.

— écoute moi Thom, s'il te plaît ! Je suis venue jusqu'ici pour te demander de reprendre ta place dans ma vie, j'ai fait ça parce que je regrette de t'avoir laisser partir. S'écrit-elle en pleurant. Accompagné d'une autre que je connaissais très bien, c'est une jeune fille qui fait le plein dans la rue, elle avait des renommés indésirables parce qu'elle couchait avec plusieurs jeunes garçons du quartier où j'habitais auparavant.

Malheureusement, elle voulue tenté sa chance, mais il n'y avait plus de chance pour que l'infidèle femme pour qui je me suis sacrifier et qui m'a remis une note que je n'avais pas mérité. Delà, je compte seulement lui dire merci, dire sincèrement et concrètement à cette femme, pourquoi pas mon ex femme, que sa tentative avait échouée et qu'elle devait comprendre que j'avais choisi de prendre des dispositions relatives à ce que nous ont fait subir tout les deux.

Abandonné tous ceux qui ont voulu faire sa défense, j'avais un peu frustré et tracassé par ce manque de respect. À quoi devrais-je m'attendre si tout le monde savent que cette dernière est venue me demander de la retrouver ? Un peu nerveux, mais j'ai compris aussi que c'était mon temps qui était venu, le temps de pouvoir dominé sur ceux qui en voulaient à moi sans cause. Et Rose, quel pourrait bien être sa réaction si apprenne ce qui venait se passer ? En fait, ce n'était pas le plus important dans tout ça, mais la plus grande question réside, que si elle venait à l'église pour faire éclater son scandale, que pourrait-il se passer avec tous ceux qui commençaient à avoir confiance en moi

? Particulièrement, la pasteur qui sanctionne pour presque aucune bonne raison.

Je suis rester à côté de l'église, tout près de la chambre, j'attends furieusement ce qui va venir, et cela, sous n'importe quel forme qu'il pourrait se présenter ; je n'aurai pas dû la traîner dans cette pièce après notre rupture, non ? Je n'aurai pas dû me faire piéger...

SANS MANQUE, JE N'AURAI jamais assez de courage pour dire au monde que je vais accepté de me marier par simple cause. Et bien, non! Cela ne pourrait jamais y arriver avec cette dernière qui m'a tout fait foiré après tout ce temps vécu.

Sans que je la sache, Kéty avait pris le contact avec cette femme qui m'avait fait subir toutes ses péripéties. Un jour, il fallait donc que je découvre ce qui se passait entre elles, il n'y avait aucune raison pour qu'elle puisse faire une chose pareille; mais, cela lui ressemble ! Depuis que j'ai compris qu'elle avait un esprit de jalousie qui l'a emportée et chaque fois, elle me rend fâché. Ah oui ! Je commençais bien à comprendre.

Vu son âge, elle devait rester de la ligne de la servitude pour la gloire de Dieu ; elle concédait plutôt l'objectif de trouver un jeune garçon pour faire sa vie, pour cela, elle a voulue faire frôler sa mission de servir d'une bonne conseillère aux autres.

La folie l'avait emportée à faire des dépenses imprévisible pour un jeune homme qui était en prison, tandis que, elle devait seulement l'aider à convertir, à se conscientiser en choisissant de prendre un nouveau chemin; cela avait fait un très petit bruits entre ses amies qui essayaient de lui faire savoir que c'était dangereux pour elle, mais, elle avait refuser. Peut-être, avait-elle la même chose pour moi dans les pensées ?

Peut-être oui, peut-être non. Je l'avais seulement considérée comme une mère, parce qu'elle voulait vraiment me soutenir dans les moments désert de ma vie.

Après qu'elle fut rentrée et déposer les ustensiles qu'elle avait apportée avec elle, s'asseyant à côté de moi, elle avait commencé à bafouiller de ce qui avait causé mon interface avec cette dernière. J'ai fermé les oreilles pour ne rien entendre, la bouche pour ne pas répondre aux moindres phrases.

— je crois qu'il me faut quelque chose à manger maintenant, j'en ai marre de cette histoire. J'ai dit en levant rapidement de ma chaise.

— comme tu veux ! Il y a un parquet qui contient du pain et sur l'étagère il y a un petit couteau, apporte le moi s'il te plaît.

Envieux de son comportement, j'avais envie de repartir, de me rendre chez la vieille dame pour essouffler un peu. Elle pourrait bien être là-bas ! De toute façon, je ne voulais plus la croisée de mon chemin et ce qu'elle a fait m'a provoqué.

Je dois me remettre avant longtemps, parce que demain, ce sera une nouvelle journée de fatigue.

Avant la fin du semaine, ce sera le grand jour pour le jeûne de la sixième. Je réfléchissait à ce qui pourrait arrivé si elle viendrait comme Rosemène me l'avais annoncé ; avec ce scandale, je n'avais pas eu peur de me défendre, plutôt, je veux seulement éviter le bruit.

Après avoir fait ce qu'elle m'avait demandé, Kéty, parlait en riant comme se moquer de moi, mais, j'ai gardé le sang froid et ne dit pas un seul mot.

Marie-Ange est venue me parler après une longue durée de la journée, peut-être qu'elle ne voulait pas partir sans avoir la réponse qu'elle était venue rechercher ? Cette femme ! Elourdes avait complètement perdue la tête, voir même dépasser.

Je me suis souvenu qu'avant notre rupture, j'ai connu un moment inoubliable. De ce fait, je veux vivre une nouvelle version de vie sans issue ; vivre la vie que j'ai toujours rêvé.

Quelqu'un que je considérait comme une tante, avait montée un plan pour me faire passer pour quelqu'un que je n'avais jamais été.

Un jour, j'étais entrain de donner un coup de main à cette femme, l'infidèle, qui était entrain de faire de la lessive. Comme certaines fois, j'ai toujours fait ce que je pouvais quand elle entreprenait quelque chose parce que je croyais en amour.

Cette tante, était venue m'appeler et me faire sortir avec elle en nous rendant au bord de la rue. Elle était accompagnée de deux jeunes gens, deux voleurs, cambrioleurs, bandits portant une arme à feu ; il m'ont torturer, m'ont battu, saccagé et avaient arracher un tour de cou que j'avais.

Malgré tout ce sort, je n'avais point lâcher notre relation et tout cela, je les avaient subit pour rien.

Maintenant, qui pourrait bien me forcer de me remettre avec une traître comme elle ?

Pas même en rêve ! La seule chose que j'avais trouvé un peu moins lourd chez elle, c'est qu'elle n'a jamais su me refusé dans les relations et c'est la raison pour laquelle que j'avais dans un temps, voulu l'utiliser en attendant que ma maîtresse vienne prendre sa place à mes côtés.

Je croyais que cela ne prendrait pas du temps, depuis toujours, j'avais toujours la foi en ma destiné, par conséquent, j'étais sûr que l'année suivante je me marierais sans doute.

Au péril de son arrivée à ce jeûne, je voulais mieux planifier ma position, afin de ne pas tomber sous son regard.

Finir dans un coin, ce fut le prix à payer pour cause de ma résistance face aux conseils qui devait me pousser à tout abandonné. Cette folie de mariage avait été effacée du calendrier de cette folle et moi, sous ma vigilance, j'ai projeté ce projet pour la dernière femme qui croiserait mon chemin.

" parfois, il faut être en accord à soi-même et être également pesant sur sa décision. " c'est ce qui, aujourd'hui, m'a induits à l'erreur, m'a coincé dans ce piège parce-que ce bémol dont j'ai ouvert après avoir pris la décision de ne plus jamais construire une nouvelle relation avec une femme haïtienne. Ce n'est pas pour les vulgariser ou pour faire savoir qu'elles ne sont pas fiable à aimer, mais, j'ai moi-même vécu des expériences et ce que j'ai ressenti quand je vois une histoire d'amour se dérouler à la télé, ça m'a toujours fait penser à autre chose.

Une dernière chance, pourquoi en aurais-je besoin ? Alors que j'avais connu tout ça dans ma vie, je me suis laisse croire que c'est parce que je n'avais pas encore trouvé la maîtresse de mon cœur, l'os de mon os.

D'une part, j'essayais de comprendre le bouleversement qui rôde sur la tête de cette indulgente prometteuse; enfin ! Il s'agit peut-être d'un simple trouble mental, depuis mon départ, elle a sans doute détériorée à cause de tous ceux qu'elle croyait voulut tout faire pour changer sa vie. Ohhh, quelle dommage ! Ce fut la première fois que cela m'est arrivé après avoir mis fin à une relation.

Généralement, quand je veux protéger ma relation, je suis prêt à me faire passer pour un conseiller et j'ai rien à cacher comme quoi, me faire passer pour un coureur de jupe en conduisant deux femmes à la fois.

Au début de la civilisation du monde antique, la polygamie n'avait rien de mauvais. Maintenant, on se dit galant à ceux qui ont tenu cette pratique, qui, cependant, est une manque de respect envers la personne qui veut réellement donner son cœur à celui qu'il aime.

Je connais bien un ami qui menait une vie ainsi qui avait regretter après, il a pris un laps de temps avant de pouvoir retrouver une femme qui lui faisait honnêtement confiance. J'ai toujours fui ses incidents, évite que je sois en accord avec deux femmes à la fois.

— dites moi Kéty, quand je vous ai laissé entrain de discuter, a-t-elle ajouté quelque chose de grave qui pourrait me donner une mauvaise réputation ? J'ai demandé, curieux.

— non frère tham, c'est tout ce que tu avais entendu, d'après ce qu'elle avait déclaré, elle est enceinte et le bébé est de toi. Elle a répondue, Marie, en jouant avec l'imprudence. Cette femme a le visage clair, aime porter des jupes un peu marqué au bas de ses genoux, elle aime plaisanter mais quand elle veut, elle affiche un caractère très stricte surtout à ceux qui voulaient la cotiser. Auparavant, elle n'avais aucune envie de me parler ou de me rapprocher ; mais, depuis que je travaillais à l'établissement, professeur de son fils, elle m'avait rapprocher et me parlais certaines fois de son fils.

— je veux que vous arrêtez avec vos conneries, d'accord ! Elle et moi avons séparer depuis bien longtemps, si elle est enceinte maintenant, c'est pour un de ses cavaliers mais pas pour moi.

— ne soit pas en colère mon frère ! À quoi cela te servirai t-il si tu voulais nous cacher la vérité ? Si les autres n'ont pas compris, moi si! Elle veut que devient son amant et construire une nouvelle vie avec elle. Elle a fait presque toute la journée à demander pour toi, alors je suis obligé de l'accueillir pour savoir comment se fait-il qu'elle fasse du vas et vient dans la zone, je la connais un peu et elle n'a pas l'habitude de faire ça.

— tu la connais ! Réellement ?

— un peu ! Oui.

Je ne savais pas qu'elle avait déjà fait ses chemins, c'était nouveau à apprendre.

Marie-ange avait le langage secret, elle ne partage pas trop souvent pour mettre quelqu'un dans une situation de complexité, pour Kéty, il me fallait que des jours pour la découvrir.

— cette femme a peut-être une meilleure vie à te donner, pourquoi refuse tu? Lança Kéty, elle avait pris cette histoire comme une blague, cependant, elle utilisait son égoïsme pour faire semblant.

— vous devez arrêtez ça, d'accord ? Ce sujet n'a plus de sens pour moi maintenant. J'ai déclaré sans fracassé personne. Je suis rentré dans la petite pièce, prenant mon téléphone que j'avais oublié dans un sac à dos, ensuite, je me suis rendu dehors pour aller chercher de l'eau dans un puits pas trop loin de l'église.

En route à la recherche de l'eau, le premier visage qui passait sous mes yeux fut celui de Rose.

— salut !

— bonsoir ! Tout va bien ? Me demande t-elle à voix basse.

— pas trop ! Et pour toi?

— bien ! Qu'est ce qui cloche chez toi ? Tu es malade ? J'ai pris un certain temps pour la fixé au blanc des yeux, essayant de comprendre cette qualité. Elle paraissait sincères dans sa façon de procéder les mots, cela m'a mis encore plus loin à penser au fait que l'amour n'existe pas vraiment en moi pour elle, coup dur !

— et bien... J'ai passé la journée sans avoir eu de tes nouvelles et tu ne m'a pas appelé non plus, alors, cela m'a fait penser à autres choses. J'ai murmuré.

— mais qu'est-ce que tu raconte ?! J'ai passé toute la journée chez-moi, toi, tu ne m'a même pas envoyé un message texte ! Je ne crois pas que c'est moi qui devait le faire! Elle a répondue, Rose, en souriant.

—bon! Là je pense que tu as raison. J'avais oublié de porter mon téléphone avec moi alors que j'étais partis avec Kéty, je suis désolée ! Dites, on peut se voir plus tard ?

L'esprit bien comblé, je n'avais pas peur de ce qu'elle me dites non ou oui, d'ailleurs, je ne faisais que essayer de savoir si on pouvait aller plus loin ou pas.

— si tu veux ! La seule chose, ne vient pas trop tard parce que je vais passer un moment dans le service de ce soir.

— d'accord ! À plus tard ! Contre tout les maux de la folie, j'avais la force de repousser qui existait entre moi et cette infidèle femme dont je me suis fait brisé le lien entre mes parents. Pour Rose, j'ai cru que cela pourrait être différent, c'est une servante de Dieu qui connaît très bien ce que dit la parole sauf que, la façon dont elle parle à d'autre me paraissait un peu incorrect.

J'ai repris le chemin, seul comme je l'ai toujours été après ce qui s'était passé.

Il y avait la peine de mener la convois n'importe où, même si elle arrive à accorder une chance à ma demande, nous ne pourrons pas sortir ensemble sans que tout le monde ne puisse être mis au courant de notre relation. Parfois la chrétienté, ça rend un peu nuisible; cependant, il n'y a pas plus grand chemin que ça.

Avant de de me à la destination voulue, je me suis fait l'idée de vouloir me rendre chez la vieille dame pour l'expliquer ce qui s'est passé aujourd'hui ; cet idée, elle était à l'origine d'une rencontre, d'un croisement qui, peut-être, me servira du leçon de demain, quel imprudence !

Premier rendez-vous avec Rose

Marchant la tête baissé, les bruits de motocyclettes m'avaient rendu un peu rageur. Encore une rencontre jamais souhaiter, elle marchait si rapidement, que j'avais l'impression qu'il paraissait presqu'impossible de l'arrêter en chemin. D'après ses propos, je me disais que c'est peut-être la personne idéale pour en faire une bonne amitié ou peut-être une vie.

On se trompe beaucoup très souvent des mots au comportement réel des gens qui cache leur vrai nature humaine. Hélas ! C'était ça le piège.

Poursuivant calmement dans la route poussiéreuse, la fatigue m'avait rendu très léger et j'avais même envie de me loger quelque part pour me reposer, mais il n'y avait aucun moyen de faire du sieste n'importe où dans la rue.

Arrivé chez la vieille, les enfants étaient débout devant la petite barrière et ils criaient à mon arrivé parce qu'ils étaient toujours contents de me voir.

" professeur Tham! Voici le professeur qui arrive ! " hurlaient les enfants qui m'avait pris par le bras et m'accompagne sous les manguiers qui s'étendent. Leur mère était entrain de parler à son mari, après avoir saluer les deux, je suis assis tranquillement et n'ose pas ouvrir la bouche dans leur petite discussion.

Ils avaient beaucoup de respect pour les personnes qui y viennent chez eux, les enfants paraissaient beaucoup plus hospitaliers que leurs parents, ce que personnes n'a jamais prononcer. Un d'entre eux, était l'un de mes élèves, très bavard, mais quand je présent, il se contrôle pour ne pas faire des bêtises. Parfois, à l'école, je prends la place d'un père pour soutenir les enfants car certains d'entre eux ont une famille insouciant et peut-être hors de moyen de financement; même j'ai n'en pas vraiment, mais, j'essaye toujours de leurs remonter le moral.

Dur parcours ! Mais, quand est-ce que le vrai amour viendra changer la cadence de ma vie ?

C'est pareil à un homme qui marche en trottinette, ça se balance à l'instabilité du cœur.

Leur discussion étant pris fin, la vieille dame tourne vers moi le regard et elle était sincèrement prête à me rappeler que la vie à des embûches très fréquentes.

— je ne pas venu pour misé, comme vous le voyez, je suis venu prendre un peu d'eau. J'ai dit.

— mon compère, tu n'as pas besoin de parler ainsi ! Ici c'est comme chez toi! À dit la dame.

— met toi à l'aise mon ami, il ne faut pas être trop fermé dans la vie. C'est ce que j'étais entrain de discuter à ma femme et qu'elle refuse de comprendre. Murmure monsieur blanc. On l'appel comme ça à cause la peau rouge, mais son vrai nom, je ne l'ai jamais connu jusqu'à aujourd'hui.

En fait, je n'avais pas trop compris son jargon, il parlait comme un homme saoulé.

— vraiment ! Cela veut dire...

— que dans la vie, peut importe où nous sommes on a toujours le droit de se montrer capable de tout, sinon, on peut croire qu'on est rien même si on représente quelque chose. J'ai choisi de tenir ce métier, parce que je n'avais que ça dans la tête, et c'est avec ce métier que j'aide la famille, mais elle, on dirait qu'elle n'a jamais compris les efforts que je fais tous les jours pour nourrir la famille. Explique t-il, la tête baisser, assis sur son petit banc, il faisait coudre une paire de chaussures qu'on lui avait envoyé à réparer.

La tête nu, les barbe rasés, les oreilles un peu allonger sur son visage ovale, le corps un peu musclé mais pas celui d'un sportif.

On pouvait toujours croire en sa parole quand il parle de la vie, cependant, il avait des vices et des pratiques en cachette.

— et bien... Je comprends où tu veux en venir ! Parfois on n'a pas le choix quand on est obligé, mais là, chacun son désir.

— cela fait longtemps que j'avais un cousin qui voulait lui donner une camionnette pour faire du trafic, mais il a refusé et maintenant on est même pas à la hauteur de créé une boutique. Réplique sa femme qui avait l'air un peu paniqué.

— il faut mettre fin avec ça, vous savez ! Vous avez maintenant qu'à assumer vos responsabilités envers vos enfants, c'est le plus important. J'ai susurré.

" alors madame Rosemène, je suis passé te dire quelque chose qui s'est passé récemment ; cette femme affoler dont j'ai le regret de l'avoir emmener ici, à fait le tour du coin de la cité pour me retrouver. " Rosemène ouvrit grand les yeux, et à mis la main sur la bouche.

— tu es sérieux ? Me demande t-elle, étonnamment.

— bien sûr ! Elle a dit à tout le monde qu'elle était enceinte de moi, cependant, cela fait des mois qu'on ne s'est pas vu ni se toucher.

— c'est peut-être parce qu'elle t'aime toujours mon ami, les femmes ne veulent jamais montrer leur vrai amour quand leur mari est avec eux. À répondu le mari de Rosemène.

— ce n'est pas du tout une bonne raison de marcher dans tout le quartier et salir mon nom! Ce n'est acceptable.

— elle n'a vraiment aucune raison de faire ça, je condamne ce comportement. Avoue Rosemène.

— comme je vous l'ai déjà dit, je ne vais pas rester trop longtemps, je vais vous laisser.

Alors, je suis parti sans causé sur leur première discussion ; Comme d'habitude, je veille à maintenir une attitude professionnelle et à me faire respecter. Muni de mon bidon, je me suis aussitôt dirigé vers la fontaine la plus proche avant de reprendre mon chemin.

Sept heures et demie, je me prépare à cette petite rendez-vous de manière à ne pas manquer.

Vêtu d'un jeans bleu pâle et un maillot blanc manches longues, déjà je me sens prêt pour la rencontre ; cependant, cela fait un bail que je n'ai pas vu la trace de Kéty, elle devait être là à cet heure-ci ! Bon, d'accord ! Peut importe où elle pourrait bien y aller, j'ai décidé de me résigner parce que j'avais drôlement un faim de loup.

Quand j'ai mis la tête pour l'autre côté, juste en sortant de la petite barrière, en voilà un des petits gamins de Rosemène qui arrive avec une petite boîte bien enfermé.

— ça mon petit ? C'est quoi?

— ma mère a dit que tu devais rester avec nous pour le dîner mais, comme tu étais pris alors elle m'a dit de te livrer le tien. Me dit-il d'une sagesse.

Prenant la boîte bien enfermer et couverte d'une nappe grise, j'ai remercié le petit pour sa gentillesse et le laissant partir, puis, je suis retourné à l'intérieur pour la déposer et me dirigeant ensuite chez Rose qui m'attendais sûrement d'une impatience.

Ce visage, je n'ai point oublié ma rencontre avec, parce qu'une partie de moi me dit que c'était une chance à tenter; plusieurs fois, je l'ai vu à l'église et on en a jamais parler. Ce qui qui m'avait donné un peu sensibilité pour elle, tout comme moi, je n'aime pas quand on se moque de quelqu'un pour quoi que ce soit, à chaque fois qu'elle participait aux cultes, il y a certains qui se mettent à moquer d'elle à cause de son comportement et des choses qui en sort de sa bouche durant les prédications. Jusqu'à présent, je n'ai qu'à penser avec ça comme si je venais de regarder un film américain.

Quand je suis arrivé chez Rose, elle m'avais offert à m'asseoir. Cette fois, je ne pouvais plus dire non, je voudrais bien avoir du temps pour pouvoir discuter avec elle.

Rose, avec son visage clair et sa qualité de comprendre les gens, malgré les paroles qui m'ont provoqué et m'ont accélérer à mettre le pont entre nous, je croyais pratiquement dans ses bontés sans avoir moindre connaissance de ses défauts, ce qui est quasiment essentiel pour éviter les conflits dans la relation.

Au fil du temps, je devais misé sur le comportement des autres et ce qui qui sort de leur bouche tout aussi bien, c'est ce qui en a fait ma misère aujourd'hui.

— du nouveau ? Me demande t-elle en souriant.

D'une part, on pouvait croire qu'elle n'avait aucun soucis par rapport à tout ce qui se présentent en face d'elle, pourtant, quand à ses discussions avec les autres membres de son groupe de chante, c'est la différence totale.

Je croyais que même si elle parlait d'argent ou de quelqu'un qui possède déjà une bonne fortune, je me suis dit qu'il ne fallait pas arrêter à cause de ça car cela pourrait être une pression pour faire peur à ceux qui veulent se pencher vers elle.

D'habitude, quand c'est Dieu qui choisi la personne pour soi, même si au début on ne voit rien de sérieux pour bâtir une famille solide, à l'avenir, on peut vivre une réalité qu'on a jamais espérée car, c'est par la foi chrétienne qui agit en nous que tout se réalise. J'avais de la foi, j'ai toujours la foi.

— rien de neuf. Comment vas-tu sinon ? J'ai demandé, son père n'était pas présent à cet heure-là, mais je ne souhaiterais pas qu'il vient me poser des questions auxquelles je ne suis pas encore prêt à répondre.

— tout va bien ! Aujourd'hui je me sens beaucoup plus fatiguée que les autres jours. Me dit-elle, Rose. Je suis aller au marché au moins deux fois à la recherche de certains produits et je n'en trouve presque pas. Finalement, je suis obligé de me rendre quelque part dans la ville...

— oui, je comprends. C'est fatiguant. Tu ne devrait pas partir ce soir, si tu veux bien te reposer. J'ai répondu.

— mais, non! Je dois me rendre à l'église pour le service de la prière. Elle a répondue, Rose.

— si tu te sens mieux, bien sûr ! Tu peux.

— alors, en quoi consiste cette réunion ? Elle avait une jupe rose et un maillot vert contenant des fleurs de toute couleurs.

— bon! Tu sais que je n'avais pas trop de temps pour te faire part de certaines choses, aujourd'hui, je voudrais en profiter malgré la nuit.

Je ne sais pas comment te le dire, mais... Pour être sincères, je dois t'avouer que ce songe m'a vraiment bousculer à notre sujet ; chaque instant, chaque jour qui se lève, font augmenter les sentiments et... Je commence à comprendre que des vrais sentiments naissent et mon cœur est gelé d'un amour sans pareil.

Disant toutes ces paroles, une partie de moi essayait de l'éviter, courir vers cette sensation de pouvoir me conduire à cette femme. En réalité, je suis devenu flatteur sans avoir besoin d'utiliser ma parfaite sincérité. Parce que je disais : peut importe qui viendra sur mon chemin, je l'accepterais et je l'accorderai la domination de mon cœur; je suis devenu une nasse qui flotte et espère n'importe quoi. Le vrai amour, c'était presque impossible de savoir s'il existait toujours après avoir été trahis par cette dernière.

Je voulais faire simplement place à quelqu'un pour me rendre la vie un peu moins dur, c'est la raison pour laquelle que j'avais dressé sur la table de ma vie, le programme de mariage pour la nouvelle année qui ne tarde pas à venir.

— je ne comprends pas tout les mots, veux-tu être beaucoup plus clair s'il te plaît ? Elle avait fait semblant de ne pas comprendre, pourtant, son attention particulière l'a fait pousser un court sourire et me fixant droit dans les yeux.

— écoute, je sais que tu es une fille très intelligente et très compétente, je ne veux pas que me fait penser que tu n'as pas saisi la réalité !

— la réalité ! Bon, d'accord ! Écoute moi donc, il y a des gens qui sont prêt à dire n'importe quoi pour nous salir les noms, cela veut dire que premièrement nous ne pouvons pas se voir trop souvent. Deuxièmement, comme tu la dit tout à l'heure, je suis très intelligente et j'ai bien compris ce que tu veux insinué ; alors, d'où ma question, qu'est-ce que tu espère réellement ?

— ce que j'espère ! J'espère tu ne me pousse pas le dos, je souhaite bâtir un foyer, et tu es l'unique flamme avec qui je peux me brûler. Je voudrais être avec toi tout les jours de la vie. Est-ce que tu accepte de m'accorder la chance de t'avoir à mes côtés ?

La grande et vraie réalité, ne consiste pas à s'aimer l'un de l'autre, plutôt, un cœur qui veut tiré sa vengeance de la honte. Elle avait déclarée que je ne suis pas bon séducteur et que je pouvais pas draguer une femme.

Pour dire vrai, je ne faisais que camouflé la personne que je suis simplement pour le respect que je devais à ceux qui fréquentent la même église que moi; j'avais besoin de gagner la sympathie de tout le monde, c'est la raison pour laquelle j'ai dû garde ce silence au moment de ma venue au temple pour en faire mon refuge.

La rareté des hommes à l'église avait déclencher un mouvement sous-entendu chez les jeunes filles, elles étaient toujours paniquées à cette cause. À l'intérieur de cet église sans crucifix, les jeunes filles éperdument, priait pour trouver l'amour de leur vie et bâtir une famille. Ce n'était pas ce que j'étais venu faire ici à chrétienne de la grâce ! Oh, je priais pour trouver de la délivrance et celle qui doit venir pour prendre soin de mon cœur.

Rose, après cette demande, avait mis du temps avant de vouloir me dire quelque chose.

— euh... Pour être sincères, je ne peux pas te répondre pour l'instant. Je vais penser à ta demande mais... Je prierai là-dessus pour pouvoir prendre la bonne décision. L'heure avance, alors, il ne me reste pas beaucoup de temps. Me répondit-elle.

— mais... Et tout ce temps que tu as pris avant de me répondre ? Tu veux ou tu ne veux pas ? J'ai maugréée.

Elle me fit un regard inquiet, souleva les sourcils et lança un long soupir...

La trahison de Kéty

D'après Rose, une réponse assez rapide pourrait dû aux émotions qui peut-être, demain, pourrait lui servir de reproche.

Sans réponse, je me suis mis à réfléchir à ce que la vie me suggère, cette femme qui, parlait d'une tristesse, j'avais l'intention de lui apporter mon soutien que de poursuivre cet aventure.

Je devais aller consulter le pasteur pour un projet, j'avais toujours le rêve de devenir un soutien au développement de mon pays, ce pays.

Avant tout, il y avait ma personnalité qui était en jeu sans que le sache, ce qui exige beaucoup de prudence dans la vie quand on veut que tout le monde nous respecte, sur dans le cadre professionnelle. Quand je participais au montage de vidéos, nous en parlions souvent de manière à pouvoir respecter les critères afin de nous protéger de toute dénigrement. C'est à ce moment-là que j'avais rencontré Isabelle, à grand regret, tout s'est passé comme une bouffée de cigarette.

Aujourd'hui encore, je crains vouloir ne pas préserver mon éthique, c'est pire et agaçant.

Étant que professeur, je voulais me garder de tout ce qui pourraient avoir de graves conséquences sur ma profession, que tout le monde, tout les parents inscrits doivent me respecter pour ma bonne qualité. Bref ! Il ne fallait en aucun cas, me remettre dans la brassière de cette infidèle femme.

Le lendemain, il fallait que je retourne travailler, mais avec l'esprit brouillé, je voudrais plutôt rester chez moi.

— j'ai trouvé une nouvelle demande pour un emploi. Me dit Mathurin. Si cela t'intéresse, tu pourras bien te débrouiller d'une autre manière ! J'ai cru avoir vraiment besoin de quelque chose d'autre pour avoir un salaire mieux que ce que j'entreprends ici au collège. Est-ce là, la vraie solution ? Peut-être ! Cependant, j'aime mon métier.

— en quoi consiste cet offre ? J'aimerais bien trouver quelque chose qui pourrait m'aider à grandir financièrement, mais... Pas n'importe quoi ! J'ai répondu. Le ciel de l'hiver qui s'était vite son arrivée, fût un ciel nuageux et calme.

En cet instant, j'ai permis aux élèves de recopier des notes importantes de la grammaire, la matière que j'ai toujours aimé depuis mes parcours scolaires.

J'avais toujours ce vide, comme un virus, ma vie était entrain de se déchirer malgré ma résiliation.

— et bien... C'est un orphelinat. Ils veulent trouver un gérant pour pouvoir travailler la journée tout comme le soir. Par contre, je me suis fait l'idée de ce que cela pourrait être difficile pour toi.

Oh ça ! Jamais ! Jamais je n'accepterai de perdra place dans la société, pour de l'argent, c'est vendre sa personne en se jetant dans une poubelle. Peut-être, quelque trucs à faire au bureau ou une autre chose qui est plus professionnel que l'enseignement ! Je me suis dit alors, mieux vaut attendre que d'agir de manière insensé, ce serai de l'imprudence à mon égard.

— Qu'est-ce que...? Mais non ! Même si j'en ai besoin un peu plus de financement, pour ça, non.

En son genre, il lança un coup rire et se reprend.

— je n'ai pas dit que c'est mal choisir un boulot comme ça, mais mon éthique ne me permet pas, d'autres en plus je ne peux pas dormir ailleurs. Ce serait de l'irrespect et je ne pourrais pas vivre comme je le dois. J'ai déclaré.

— oui j'accepte ! Tu as raison. Tu ne peux pas te rabaisser pour de l'argent, même si tu avais quelqu'un qui te pousse à l'excès. Je ne t'ai pas demander de l'accepter, j'ai simplement fais passé le message.

J'avais bien compris son attitude vis-à-vis de ce sujet, d'ailleurs, c'est moi qui l'avait demandé de me faire part s'il avait trouvé quelque chose de nouveau, il était très envie de m'aider mais... Dommage ! Je préférais rester à ma place jusqu'à ce qu'un jour, Dieu enverrait un ange me guider vers un autre emploi. Boum! Ce n'est pas ça le plus important, je voudrais lever ce défit, dépasser mes moyens pour me venger.

— dit, j'ai un projet qui pourrait bien nous aider, si tu veux on peut le concevoir ! Ce programme est lié au système de l'éducation, je pouvais enseigné la langue anglaise aux enfants, les apprendre à vivre avec de bonnes pratiques dans la société ; parlons de savoir vivre. Quelques petites pratique dans la langue française aussi, même si je ne pas vraiment top mais je pouvais me débrouiller pour les aider à commencer par là. Un club éducatif, c'est tout ce que j'avais en tête pour prolonger ma carrière étant qu'un vrai éducateur qui sait ce qu'il fait et qui a de l'amour pour son travail. Si ce n'était pas l'amour de ma profession, je l'aurais pu abandonné de très tôt ; pour moi, ce n'était pas vraiment l'argent qui m'intéresse même si j'étais radicalement dans le besoin. Sans avoir passé par l'école normale, le Directeur me félicite toujours parce que j'avais du charisme, je travaillais comme si je ne pouvais faire que ça dans la vie ; pourtant, j'ai passé un laps de temps à apprendre le mécanique design, cela veut dire, que j'avais le métier de peinturé ou repeindre une voiture et réparé les gravures.

Il me fallait des matériaux pour mettre en pratique ce métier que j'aime tant après l'enseignement, c'est pour cela que je ne pouvais que misé sur le boulot que j'avais à manigancé à ce moment-là.

Et Rose, elle aussi travaillait dans l'enseignement, peut-être, secondaire parce que je n'avais qu'entendu parler de ça. En réalité, elle devait comprendre le système et accepte que je ne pouvais faire plus pour courir après le financement. Nous sommes un peu différents et je le sais, mais il n'y a pas de raison pour me jeter à l'eau sans avoir l'idée de ce que je pouvais nager ou pas. Ouf ! Ça donne de la vertige.

— c'est quoi l'idée ? M'interroge Mathurin qui paraît stupéfiant.

— j'aime l'enseignement, je ne peux pas descendre les échelons pour me salir le visage à cause de l'argent, d'ailleurs, je peux vivre tel que la vie me le demande. Mais écoute... J'ai avancé. J'ai un projet de club éducatif pour nos élèves, je pense que c'est une nouvelle priorité à saisir pour augmenter nos revenus. Tu penses quoi ?

— ce serait pas mal comme idée, mais... Je pense qu'il faut réfléchir d'abord pour ne pas franchir et avoir des reproches demain. En fait, j'avais compris sa position par rapport à l'idée proposé, il ne fallait pas seulement y réfléchir à la manière dont les gens vont apprécier l'initiative ou pas, mais il nous faut un local aussi.

— oui, je suis bien d'accord avec toi. Je te laisse le temps et comme ça tu pourras me dire ce que tu penses !

— oui, mais en fait, il nous faudra un local pour loger le club tu le sais ça ? Me demande t-il, Mathurin.

— bien sûr ! Toute suite après notre discussion, je suis retourné à mon poste, essayant de me concentrer sur les matières à élaborer avec mes élèves. Puis, je me suis rendu à la direction après avoir mis fin à la journée et enfin, de vouloir me rendre à mon refuge. Ce n'est pas un endroit habitable, ni pour se faire croire qu'on peut rester y habiter toute sa vie, tout contraire au demeure.

Le directeur était belle et bien présent en ce jour de vendredi, il n'avait pas de cours ailleurs en ces jours de fin de semaine.

La main couvert de poudre, blanche comme les nuées au beau temps, alors que c'était le début de l'hiver.

— Tham! Lança le directeur qui m'interrompit lisant quelques règles grammaticaux.

— oui! J'ai répondu au sec.

— cela fait déjà un bon bout de temps que tu dors à l'église, je te connais bien, tu es un homme très sociale. Cependant, quelque chose m'est arrivé à l'oreille et je me suis mis à poser beaucoup de questions. Après tout, qu'est-ce que tu as avec Kéty? Elle m'a dit que tu ne lui parlait pas et que rentre de très tard.

Cette scène me paraît un peu étrange, d'autres en plus, je ne savais pas que Kéty m'avais vendu comme aux enchères.

— Kéty! Pour commencer, moi et Kéty avons de petits trucs très personnels, malheureusement qu'elle a fait le mauvais choix. En réalité, c'était il y a longtemps que je faisais ça, elle a dû te le dire trop tard ; pour elle, c'est presque pareil, elle est jalouse et elle m'empêche de parler à des gens qui pourraient me servir de bras fort.

— vraiment ! Je ne pense pas que Kéty à ces mauvaises qualités, et c'est une servante de Dieu en plus. A-t-il ajouté, le directeur. Sa tête, chauve comme un piste d'atterrissage et sa petite mouche qui se mouvemente à chaque mots qu'il emploi.

— je sais. Mais, on ne juge pas par simple apparence et pour être honnête, je n'accepterai pas qu'à chaque fois que vient le temps de participer à la sainte-scènes de me déranger. Elle fait tout le temps la pareille, sans que j'ai rien fait de mal elle créé quelque chose pour troubler ma vie spirituelle et ce n'est pas logique. J'ai répondu à voix haussée. Cela me faisait mal de savoir qu'on m'avait rendu coupable alors que l'innocent c'est moi. Faux jugement, dénigrement fatale, j'ai toujours haï l'hypocrisie.

Il me fit un regard perçant, sourit et marmotte : " je ne comprends pas ce qui se passe entre vous deux, auparavant elle me disait que tu la considérait comme une mère et maintenant...

— je me suis trompé, voilà ! Je pensais qu'elle pouvait remplacer ma mère et me traite comme un fils, mais bon! Je me suis conduit droit au boucher.

— il faut que vous réglez cette situation Tham. Je n'accepterai pas que vous dormez dans le sanctuaire et que vous vous comportez en ennemis. Alors là, c'est ton affaire ! J'ai dit dans mon cœur, silencieusement.

— je ne sais pas jusqu'où ça peut y arriver, mais elle n'est pas mon amie.

— finalement, qu'est-ce que tu veux insinuer ? Je n'attends que le résultat.

Alors, je me suis rendu compte que ma place n'était pas là et que je devrais rentré le plus vite que possible. Une question qui n'a pas de réponse, j'ai plié bagages et retrouver mon logement. Pour cette semaine, c'était très dur concrètement de mettre mon esprit en parfait état, c'est peut-être le pire des semaines que je n'ai jamais connu dans ma vie.

Demain matin, ce sera le jour de ce grand événement, Le jeûne.

Il fallait que j'arrive à faire passer tout ça dans un mixer psychologique et les jeter à la poubelle afin d'avoir l'esprit stable et préparer pour ce moment.

Je voulais procuré un vélo, un autre projet m'est venu à l'idée ; comme ça je pourrais me débarrasser même de ce directeur qui se sert de nous tous pour faire grandir son établissement.

À ce point là, même l'amour de mon métier ne pourrait pas m'arrêter si je devais tout abandonné.

Quand je suis arrivé, je ne pouvais pas expliqué mon mécontentement face à cette discussion et à cette hypocrite qui fut jalouse de moi, alors que son âge était trop avancer pour y réfléchir à certaines choses. Heureusement, j'ai toujours compris les comportements de certaines personnes, pas besoin d'étudier la psychologie pour me débrouiller. C'est la raison pour laquelle je me suis donner le nom du mentaliste, je comprends presque tout les gestes et les comportements des gens.

Tout furieux, je suis passé par l'entrée même de l'église, puis, j'ai traversé la petite porte d'a côté pour aller me changer de vêtements.

Kéty, avait toute suite après, rentrée dans la pièce et me salue comme à l'accoutumée. J'étais donc forcé de répondre, parce que je n'avais rien à dire avec elle pour ce qu'elle avait fait.

Je ne savais pas qu'elle avait vraiment ce genre de comportement, agissant comme une traître, c'est immoral.

Oups ! Rose! Elle m'avait envoyé un texte pour me demander comment tout s'était déroulé, en retard, j'ai vite envoyé un message pour lui dire que tout s'était bien passé alors que je brûlais de fureur.

Debout à côté de la petite table, elle avait repérée ma colère par les mines qui se sont croisées tout à coup ; elle avait mis du temps à me regarder silencieusement.

— alors Tham, tout va bien ? Demande t-elle, aux paupières surélevées.

J'ai tourné les yeux vers elle, relâchant un rire jaune.

— *Et ?* J'ai répondu tout furieux.

— *Qu'est-ce qui ne va pas chez toi ? Tu as un problème avec moi ? M'interroge Kéty qui semble être un peu paniquée. Je voulais garder mes mots, avoir le refus de ne pas vouloir répondre à ses questions, mais, d'une résignation, je voudrais qu'elle sache que je l'avais détester à cause de sa trahison. Des coups, elle me fait toujours.*

Un jour, j'étais allé chez madame blanc pour pouvoir lui parler d'un projet que j'avais pour aider des gens qui en ont besoin ; ce fut une organisation non-gouvernementale dont j'avais toutes les programmes écrites sur mes papiers. Cela pourrait aussi me servir à sortir de cette malaise et m'aider à pouvoir satisfaire aux besoins quotidiennes.

Je l'avais laissé coucher parce qu'elle ne se portait pas trop bien, cependant, sa jalousie l'avait poussée à agir de façon insensée. Quand je suis retourné, croyant qu'elle était là à m'attendre, elle avait passée par la porte de l'église pour me fuir.

C'est là que j'ai découvert qu'elle avait autre chose que cette présomption d'être une mère adoptive, car, j'avais ressentis ce jour-là, quelque chose d'étrange et de superficielle. Alors, j'ai lui ai fait un regard honteux tout en lui avouant qu'elle était une traitre et que plus jamais je ne souhaite qu'elle me parle et qu'elle fasse quoi que ce soit pour moi parce que si elle le fasse, ce sera en vain...

La folie d'un regard humilié

Finalement, j'avais trouvé un bon moyen de me débarrasser de Kéty, j'avais besoin de repos, mais avant tout, je l'ai classé à travers une petite discussion qui s'est éclaté entre nous. Maintenant, plus personne pour me déranger, même si je devrais souffrir en conséquences.

En ce jour-là, j'ai pris la décision de ne pas sortir, pas à cause ce que j'avais entendu, plutôt, j'avais assez errer ça et là et je me devais juste une pause. De toute évidence, je n'avais pas vraiment besoin de me plier comme un agneau privé de son indépendance, il fut un temps, mais maintenant c'est le contraire à assumer.

J'aurais pu démissionner de mon boulot si j'avais constaté que ce complot était bien plus pesant que ce dont j'avais conscience.

Je suis monté sur le mur de la galerie de l'église, c'était pareil à deux balcons en forme de demi-cercle. La cours était un peu restreinte, mais il y avait de cerisiers qui fleurissent presque tout les trois mois de l'année.

J'ai pris des oreillettes et mon bible pour passer le temps au froid et au calme. Je ne faisait pas ça par habitude, lire des versets durant la journée, ce n'est pas que rare à pratiquer.

Assis au calme sur le mur, le dos appuyer contre les balises, j'ai ouvert de la musique, du chansonnette pour me soulager de mes peines.

Sans avoir été avertis, Rose pénétra la cours qui est entouré de tôles et de bois...

— bonsoir ! Lança Rose, d'un sourire aux lèvres.

Coupa la musique qui jouait aux oreillettes, je lui ai sourit en retour, sans démonter la trace du surprise.

— bonsoir. Comment ça va ? Par coutume, j'avais trouvé cette question un peu insensé, d'ailleurs, depuis son sourire, j'avais ressentis qu'elle se portait concrètement bien et que la joie était à sa portée.

— tout va bien.

— alors, tu as réunion aujourd'hui ? Je connaissais l'horaire de son groupe dont elle dirigeait depuis quelques années, et ce jour-là était hors de portée.

—pourquoi cette question ? Est-ce un problème ? Me demande t-elle, elle s'est couper le pas juste à côté du mur où j'étais assis. Ses yeux noir, brillant comme de la cuivre remodelée, sa taille qui, ne faisait pas vraiment son âge.

— parce que je n'ai pas l'habitude de te voir ici en ces jours ! Tu es furieuse ? Pour me mettre à la place d'un homme qui se souci, je m'oblige à ne pas trop la rendre fâché contre moi. Le plan que j'ai défini me demande d'agir ou de parler en toute discipline, pas parce que je l'aimais, plutôt, pour ne pas causé dommage à ma planification.

— je ne le suis pas. Marmonna Rose, en s'appuyant contre le bout du mur. Je suis venue chercher quelque chose. Ajoute t-elle.

— d'accord ! Excuse moi. J'imagine qu'elle était venue pour le parler, discuter de certaines choses ou peut-être, qu'elle avait enfin réussi à accepter de me répondre. Je suis fauché.

— bon... J'ai besoin de te parler à propos de la demande que tu m'as faite, mais cela risque de prendre du temps, sinon, ce serait une défaite soit pour toi ou moi. Commenta Rose.

— prend ton temps alors! Seulement je dois t'avouer que je suis à court de patience.

— cependant, tu dois en avoir. Ce ne sera pas une surprise le jour où on je décidera de te répondre, j'ai intérêt à être prudente pour éviter les blessures. Avoue t-elle scrupuleusement.

— les blessures, ça fait partie de la vie. J'ai insinué. Je ne voulais pas qu'elle sache que mon plan était de me venger de ses dénigrements, mais elle pourrait pouvait peut-être souligné que je m'en fous de tout ce qui pourrait se présenter.

Ce n'est pas parce que j'ai un cœur qui ne pardonne pas, mais, elle devait payer pour sa mauvaise foi même si par conséquent, je devrais accepté de remplir les obligations qui incombent à ce sujet.

— on dirait que tu n'as pas peur de subir les coups de la vie. Sollicite t-elle d'un regard un peu louche. Pourquoi elle ne pouvait pas me regarder droit dans les yeux ? Ce comportement, je l'avais défini et avait réussi à la comprendre. Mais, je préférais ne pas donner mon opinion.

— j'en ai déjà subit et je sais ce que ça coûte, alors, à quoi me servirait-il si je fais comme si tout est venait de surprise ? Il n'y rien de... De nouveau sous le ciel d'ailleurs et tout le monde le sait. J'ai confirmé, en bégayant.

Ce qui régit toujours la peur de m'approcher d'une fille, c'est cette migraine. Cette maladie raciale et qui n'avait pas de remède. J'avais peur, j'ai toujours peur qu'on me jette des pierres sur la tête à cause mon bégaiement, par contre, quand je me rends compte que cette personne m'aime réellement, je sacrifie ma peur en m'efforçant à franchir comme je peux.

— ouais. J'ai bien compris. Confirme Rose. Je dois te laisser, j'ai quelque chose à faire. Elle a rapportée. J'avais souhaité avoir une réponse aussi vite que possible, savoir si je devais encore m'aspirer pour le coup. Il y avait de l'amour dans ses yeux, dans le bon sens, mais qu'elle voulait faire semblant de ne pas trop intéressé à propos.

Elle était parti, et moi, rester dans l'ombre pour quelques instants de réflexion.

Après quoi, j'ai quitté l'espace pour aller à la recherche de quelque chose qui pouvait m'aider à combler le vide qui m'avait emprisonné dans cette solitude si affreuse que les tempêtes de la vie. Je n'ai point trouver cet espoir, mais, cela n'empêche pas ma détermination résiste.

Mes projets, mes rêves, j'ai toujours su qu'un jour tout le résultat allait se mettre sur la table du succès ; aucune peur, sans soucier de l'avenir, j'ai toujours été ainsi.

Le jour allait arrivé, je devais me préparer pour une consécration parfaite et sans équivoque.

Plus tard, je me suis rendu chez la vielle, enfin, pas trop susceptible de la réalité de ce qu'elle affrontait dans son mariage presque perdu.

Mais avant de partir, je devais prendre une douche et faire un besoin physiologique ; après avoir dégagé mon corps de ses déchets, j'ai connu une douleur qui se mêle à ma souffrance.

Je savais que cette maladie mon rangeais à petit feu, mais je priais pour que Dieu puisse me délivrer de cette hémorroïdes qui, chaque fois, me donne une envie suicidaire.

Quand à la domination de cette maladie, je me rappelle d'avoir subit un moment très douloureux et tragique ; elle m'avait conduite dans une situation d'urgence où j'ai connu un arrêt décisive et forcé. Je devais subir une opération, trouver la meilleure solution à l'égard de cette maladie, malheureusement, il n'y avait pas de ressources financières suffisantes pour assurer cette situation qui devient pénible chaque fois que je devais me rendre à la selle. Quand je me sens rempli, la peur me fut emparé et l'intention d'avoir de grande douleurs commençait à dominer mon esprit.

Après avoir pris une bonne douche, je me suis rhabiller pour me rendre là-bas. J'avais faim, drôlement affamé. Avant de partir, Célie, l'autre sœur qui se débrouillait en faisant du commerce ; m'a vendu du pain et quelques figues pour me soulager. Je n'avais pas encore reçu le montant de mon salaire mensuel qui ne même pas me servir pour une durée d'une semaine.

À grand regret, la douleur s'était vite empirer, je ne pouvais plus me centrer sur mon départ ; de ce fait, je suis obligé de rester fermé à ma souffrance.

D'habitude, lorsque cette maladie fait son manifestation, cela peut prendre au moins trois jours avant d'avoir un calme de cet anomalie.

Cet ainsi que passa la journée et la nuit, il n'y avait aucun point de différences parce qu'il était déjà au coucher du soleil quand je fut pris par ce grave problème qui suscite ses malaises douloureuses.

Le lendemain matin, avant même les premiers cris des coqs chante, j'ai casser le lit que je fait chaque fois que je devais faire du sieste ou de dormir au calme. Tout ceux qui partageaient leur nuit à l'église sont réveillés de très tôt que possible à cause du grand moment de jeûne qui allait de déroulé vers les six heures du matin.

Cinq heures et d'une quarantaine de minutes avant six heures, je suis allé faire une grande toilette et après quoi, retourner sur ma natte.

Nous autres qui dormaient à l'église, nous étions les premiers à avoir été présent avant la venue des autres membres de l'assemblée.

Malgré la douleur qui me ronge, je suis plané, telle un moine qui s'est mis en position de méditation. J'ai commencé à plaindre de ma douleur, plaindre de cette vie qui m'a fouetté de façon injuste et non mérité.

Je priais justement Dieu, prie pour que le soleil puis se lever sur ma vie.

Quand tout le monde se fût rassemblés, la dirigeante avait pris sa position sur le chaire et se prépare à débuté le grand culte de la journée.

Une journée entière, ce n'est pas un problème pour ceux qui connaissent l'importance de ce grand événement; à la fin de ce grand moment, on se partage toujours un repas après culte.

Installer sur un drap, je confesse à Dieu tout ce qui pourrait être la raison de mon emprisonnement dans ce terrible taverne.

Au cours du déroulement du grand culte, mes yeux tombèrent sur cette femme qui m'a mis dans cette mauvaise situation, qui a rendu ma vie presque devenue invivable; tout à coup, je ressens l'adrénaline courir comme un ruisseau au niveau de ma colonne vertébrale. Elle était accompagnée de sa petite fille et madame blanc qui, apparue après quelques minutes de son arrivée.

Mon regard s'attardais sur elle et sa petite fille sans avoir perdu ma connexion d'en haut.

Pour gérer la situation qui semblait un peu stressante, j'essaie de deviner pour quoi elle avait fait ce déplacement après avoir été rejetée à mon égard. Non! C'est pas possible ! Je croyais que c'était de la folie, et qu'elle avait dit ça simplement pour me faire croire qu'elle avait l'intention de me démasqué de ses faux jugements. Je croyais aussi qu'il s'agissait d'une simple blague, juste pour me tromper.

Sa présence dans l'assemblée était seulement pour me salir par ses mensonges, me conduit droit à la défaite. Mais, quelle folie ! Cette femme insoutenable qui voulait me rendre la vie impossible. Bien sûr que non! Mon amour pour elle avait été dissimulé, et cette fugacité qui nous restait n'avais pas sa place dans mon prochain univers. " Que le ciel plaide ma cause en moment, et qu'il m'aide à réparer les dégâts causés par indulgence. " j'ai prié pour que cela ne soit pas un objet de chute pour ma spiritualité.

Mon cœur, assombrit de ces mauvais sorts, devrait avoir la chance de survivre sans pouvoir se plaindre et sinon, affronter ça comme si c'était une bagarre de rue mais paraît dur à supporter.

Je me suis replié sur moi-même, me concentrer sur les invocations que je devais pousser vers mon grand père céleste.

Quand le culte eu terminé, après les annonces, tout le monde devaient rester pour recevoir un plat et du jus. Elle a envoyé un des fils de madame blanc me siffler que je devais faire un moyen de lui envoyer un récipient pour aller chercher son repas, mais, je ne pouvais pas lui rendre ce service, parce qu'en réalité, ce n'était pas chez moi et je n'avais qu'un seul pour me servir. Alors, je lui ai dit que malheureusement, je ne pouvais pas et cela ne dépendait que de la personne qui l'avait invitée.

Ayant appris cela, elle avait décidée de partir, sans son repas.

Quelques des sœurs qui vaquaient sur la cours, l'avait saisi en chemin.

— mais, où est-ce que vous allez madame ? Et votre petite fille ? Vous avez déjà fait votre régal ? Lui demande sœur Mariam. Elle savait se qui s'était passé quand cette femme avait fait le tour du quartier pour me demander de nous remettre ensemble. C'était pour elle, une bonne occasion pour mettre fin à cette histoire, c'est la seule raison qui m'a permis de parler d'elle même si demain... Les choses vont se mêler.

— nous n'avons pas encore mangé et je décide de partir à cause de Tham. Elle a susurrée.

— qu'est-ce que vous voulez dire par là ? Il n'est pas responsable de ce qui se partage entre nous ! Mais...

—je l'ai demandé de me servir et il a refusé. Dit-elle de son visage crispé.

— quelle est cette histoire ! Exclama Mariam.

Quand j'ai entendu le dispute, je suis sorti pour aller me défendre, ce n'était pas le cas, parce qu'elle savait que cette folie était complètement débile. J'ai commencé à expliquer aux sœurs qui étaient présent à ce moment-là, que n'avais jamais invité qui que ce soit et même si je l'avais fait, je n'aurai pu être responsable de pouvoir lui servir, d'ailleurs, on avait interdit aux hommes de passer à la cuisine.

Je ne voyais pas en quoi consiste cette accusation ! Tout les autres avaient réfléchi la pareille. Ouff! C'est vraiment injuste de la part de cette femme attaquée par la folie. Les sœurs avaient compris le mouvement et elles l'ont humilié à cause de son comportement.

Je m'étonne de voir ce qui s'est passé avec Elourdes, et ce constat qui m'a brisé le cœur qui déjà, avait de grave fissures.

Je suis retourné à l'intérieur, salua madame blanc qui était avait appréciée ce geste. Au final, il y avait quelque chose qui avait retenue dans mon esprit, ce fut la raison qui m'avait poussé à ouvert un port à cette étrangère.

Et Rose, quelle sera son comportement si elle apprennes que cette femme avait venue troublé le moment qui révélait une séquence de consécration ? Je m'obstine de comprendre que c'était la dernière fois qu'elle aurait la chance de réagir de cette manière, c'était cette fois, vraiment la fin de notre histoire.

Quand tout eût terminé, tout le monde s'en allait de part et d'autre. Resté assis sur le mur, Kéty passait avec ses yeux brouillé de larmes, un de ses enfants avait eu un accident de motocyclette. Cela m'avait touché, mais, à cause de ses fausses accusations portées contre moi, je ne pouvais plus l'accompagner dans quoique ce soit.

La semaine qui suit, ce sera les noces de deux jeunes amoureux qui devaient se lier pour fonder toute une vie. Les préparatifs marchaient en catimini, mais aussi, les autres membres se mettaient à la disposition pour la réussite de ce grand projet.

À ce moment-là, j'avais besoin de parler à quelqu'un, de me débarrasser de tout ce qui me faisait mal et m'avait rendu si souffrant.

Encore une fois, Rose fut venue après le jeûne, mais cette fois, elle était venue directement pour me parler. Elle avait l'air heureuse, elle avait un sourire qui n'a jamais effacer de ses lèvres.

Quand elle était arrivée vers moi, elle s'était arrêter, me sourit. Sans doute, elle avait une surprise à me faire, quelque de spécial à me dire ; ce que j'avais imaginé dès son arrivée, cependant, j'attends avec le cœur qui bat à la chamade ce qu'elle avait à me dire...

Nouvelle page d'histoire d'amour

Dans ses discours, elle avait attiré mon intention, comme si tout à coup je fut devenu son nouveau cible. Mais, quel rapport ! Simplement parce que j'étais touché par son témoignage, pareillement, à celle qui, pour moi une mère et qui était chassée par les mauvais traitements infligés et injustes des autres membres de l'église.

L'hypocrisie est une hypothèse à défier dans tout les assemblés du monde, la bonne logique réside dans les vrais thèses de la bible, c'est un grave problème à résoudre.

Rose avait conclut qu'elle devait continuer à réfléchir de la décision à prendre, elle m'avait parlé de ce mariage qui allait se dérouler quelques jours plus tard dans une église voisine qu'ils avaient choisis. Pourquoi pas dans ce temple? Une question à laquelle ce couple devait peut-être en avoir la réponse. Ce fut le premier de mes frères et sœurs en christ que j'allais assister.

Pour ma participation, je faisais partie d'un groupe de prière dirigé par Kéty, elle avait causé une chute dans notre relation entre mère et fils, cependant, cela n'empêche pas que la ma contribution avec la commission de prière poursuivit son chemin.

En effet, même si je devais prendre des mois pour attendre Rose, cela ne signifie pas que je devais abandonné cette course;

pourtant, il y avait cet œil, fixé sur moi en attendant que s'ouvrit une parenthèse.

Carline, pas une marque, mais son nom qui faisait pensé à quelque chose de nouveau. Je devais courir pour ne pas tomber dans ce piège, fuir loin de toute ces dénombrées. Enfin ! Il fallait que je respire un peu d'air sinon...

On avait une réunion prévu ce soir, d'où cette réunion, il n'y avait pas grand chose à quoi je devais m'attendre.

— le groupe devrait donner une très prestation au mariage, tout les membres sont concernés, sauf s'il y a parmi nous qui vont être prises pour assurer les préparations pour la cuisine. Déclare Kéty qui se tient debout sous une robe longue de couleur noire, les doigts entre les doigts.

Tout le monde savait déjà que nous avions notre part de contribution dans tout les programmes de l'église, chaque groupe devait donner un coup de main à ces jeunes qui allaient s'unir dans les liens du mariage.

De mon côté, il n'y avait que l'espoir qui réside autour de moi, ma conviction avait trouvé une nouvelle porte pour ne jamais lâcher le but fixé pour l'année avenir.

Après deux jours de calme, un calme apparent qui n'avait pas empêcher que ma souffrance psychique et physique de me cintré, tel une canicule qui exagère sous le ciel gris.

Par imprudence, je me suis laissé emporter par ses propos, disant qu'elle avait cette qualité d'aider les autres à trouver des emplois ou n'importe quoi par la prière. De toute évidence, je suis devenu responsable de tout ce qui m'arrive aujourd'hui ; je devais croire en ma parole, tenir la raison jusqu'au bout pour empêcher de continuer être un victime de ses dégâts causés par l'absence de la méfiance.

Rose, m'avait peut-être mérité malgré son dénigrement envers moi. L'autre, c'était tout une autre histoire à mettre dans un tiroir.

La chandelle était bien allumée sur ma tête, à la conquête de l'amour véritable et de la maîtresse du cœur qui, nécessairement, avait sa place dans ma vie.

Devrais-je me résigner ? Je devais faire un choix, pour éviter les regrets, il fallait que je prends mon temps avant de me diriger vers le bon chemin, mais... Hélas !

Le lendemain, je travaillais avec déconcentration, j'avais connu une journée plus stressante que jamais. Sans avoir la concertation de personne, je voulais m'aventurer parce que ce vide devenait de plus en plus percutant qu'une démangeaison qui me saccageait pareillement à un arbre planté au milieu d'une tempête orageuse et si puissante que l'ombre de la nuit.

Marcelin, était peut-être un ami, mais, il y avait des choses que je pouvais pas lui parler. J'étais si souffrant, si terrifié et perdu, j'ai même cru avoir perdu toute la lucidité que j'avais pour comprendre la réalité de cette vie.

Alors, je suis resté dans mon silence, malgré les bruits des enfants qui bavardent chaque jour sans relâche ; ils avaient leurs droits, cependant, je ne les accordent jamais la raison de passer hors de la discipline.

Je faisais tout ce qui est en mon pouvoir pour tenir ma classe différent de celui des autres, comme toujours, je voudrais éviter les mauvais jugements, éviter les reproches autant que je pouvais tenir jusqu'au moment des examens.

Heureusement pour moi, le secrétaire voulait passé un peu plus de temps à la direction. De ce fait, quand la journée eût terminée, je suis directement rentré dans mon refuge pour aller me reposer.

Plus tard, il y eut une service de prière qui se faisait tout les jeudis après-midi. Je me suis préparer et me rendu en dépit de tout les bouleversements.

À travers les résultats connus dans mon boulot, j'ai cru avoir besoin l'aide de quelqu'un, pour pouvoir me lever dans la prière afin de pouvoir trouver un emploi qui pourrait réellement me rendre le peu que j'avais besoin, un salaire beaucoup mieux acceptable. De ce fait, après le service du soir, je me rendu compte que nous n'aurions pas assez de temps pour dialoguer, alors, j'ai pris un stylo qui était dans les pages de mon chant d'espérance ; ce chant pour lequel je me suis sacrifier pour l'avoir. Ensuite, un morceau de papier, puis, je l'ai envoyé un message pour lui dire que j'avais besoin un peu d'aide, que si elle le pouvait, qu'elle priait pour moi parce que j'avais besoin de trouver un travail au plus vite que possible.

La réponse inattendue, fût après un court regard, un oui suivi d'une question : où veux-tu que je le fasse ? C'était un peu difficile à répondre, d'où ma réponse, je l'ai dit qu'elle pouvait le faire chez elle et que personne ne devrait savoir ce qui se passait. Carline, elle avait acceptée de répondre de manière positive à ma demande.

Aucune sensation me faisait croire qu'il y aurait pu en avoir quelque chose de plus entre nous, d'ailleurs, après un discours qu'elle avait énoncée dans une soirée de veille de nuit (un service de prière qui commence vers les sept heures du soir et se termine toujours à minuit) alors qu'il plaignait de soucis pour ses enfants qu'elle avait en de voir et qu'elle était privée d'eux, m'avait poussé un frisson de sensibilité.

Je souhaiterais la remplacer par Kéty, la mettre à sa place en lui faisant passer pour une mère adoptée spirituellement.

Que la vie est fragile ! Des choses arrivent quand nous n'attendions jamais. Je savais que des choses pouvaient frappées à ma porte, autres choses que celle-ci.

De toute manière, je devais garder ma douleur, subir ma peine sans que personne ne le sache, jusqu'à ce qu'un jour, la lumière arrive à luit sur mon chemin.

On s'est partager nos coordonnées, sachant que c'était simplement pour savoir comment ça allait pour la réponse. Elle, sans que je le sache, avait les regards penché sur moi, je n'aurais pu jamais le découvrir si ce jour-là je n'avais pas laissé ma faiblesse me conduit dans cette histoire.

Comme il était déjà très tard, je ne pouvais pas me rendre chez Rose pour lui parler. Quand le service terminé, elle m'avait salué et s'en allait pour que personne ne puisse découvert notre petit secret. Étions nous les seuls à savoir se qui se passait vraiment entre nous ? Je ne pouvais pas en deviner la réponse, parce que j'ai toujours cru qu'elle ne l'avait jamais partager à cause de son comportement.

Elle cours toujours après les cultes et d'après ce qu'elle m'a fait savoir, elle faisait ça pour empêcher que d'autres savent que nous avons notre petite discussion entre nous.

« si j'avais garder ma parole, disant que désormais, je n'avais plus besoin d'une femme haïtienne parce qu'elle sont fragiles, alors... La plupart je dirais. Même si cela pourrait prendre beaucoup plus de temps et que mes envies me saccageais autant que je devais être forcé à éviter de faire des bêtises, je n'aurais jamais pu avoir de telles circonstances pesantes aujourd'hui. » La maîtresse du cœur, n'a-t-elle jamais été vraiment existée?

Peut-être, pas en Haïti ? Je voudrais être loin de toutes erreurs que je n'ai jamais commis, loin de ce fouet qui me bat sans avoir la moindre idée de ce que je pu faire de mal.

Rose, après m'avoir imputé, pourquoi n'avais-je pas fermé les oreilles et garder ma bonne conviction ? Oui, je le sais. Cette audace d'envie sexuelle paraissait comme mon plus grand point de faiblesse, et ce manque d'amour, cet envie d'être le chouchou d'une femme amoureuse éperdument et d'une véritable sincérité. Seul les fortes personnes résisteraient à cette drôle de maladie si sensible et perturbateurs.

Je voulais simplement me défendre de cette calomnie, montrer que j'avais des ailes et que j'avais seulement choisi de rester dans mon nid.

Après avoir fait mon lit, j'ai prié et me longer, tel une rivière qui garde son froid au cours de la nuit.

J'ai soudainement, reçu un message de la part de Rose pour me demander si ça allait. Mais non... C'était devenu plutôt un peu plus terrifiant, car j'avais des doutes vis-à-vis à la demande que j'avais faite. Cependant, je devais aussi pensé à ce que je devrais dire à Carline pour accepté d'être pour moi, une mère soucieuse et gentille.

Elle avait à peu près la même âge que Rose, mais elle avait le visage beaucoup plus sensible à son âge. Son corps, plus gros que celui de Rose, son visage ovale comme l'œuf et son caractère paraissait un peu plus compliqué et elle était souvent perplexe quand s'en allait de chez elle après les cultes.

Elle riait toujours, sauf avec ceux à qui elle avait la parole et elle paraissait un peu facile à abordé. Alors, si! Elle l'était en vrai, d'après les histoires qu'elle m'avait raconté et la manière dont j'avais compris ses paraboles sans vouloir la juger de son apparence.

Dans mon lit, je réfléchis un tas de choses sur ce qui concerne ma vie, mon avenir, ma santé qui était toujours sensible. Je n'avais pas d'argent pour aller à l'hôpital, je souffre physiquement et mentalement et ma vie ne vaut presque rien d'après mes analyses.

Ma famille qui m'abandonne, la trahison de ma cousine, cette sorcière qui veut défendre les priorités de mes parents adoptées qui lui envoie de l'argent tout les mois ; cette dame qui m'avait fait gifler par deux mécréants à cause de cette femme infidèle, la tromperie, le mensonge, l'incontinence aux regards de mes parents qui m'ont rejeté à cause d'elle et la perte de confiance... C'est dur et impossible à vivre.

S'il y a quelque chose à raconter aujourd'hui, c'est que ma vie a frôler un chemin qui m'a conduit directement vers un autre où tout est complètement noircis et épineux.

Je n'ai jamais oublié le mot de Dieu, non, du tout pas. Quand j'avais à peine débuté la vie chrétienne, à travers les moments de jeûnes particulier et personnelle, ma mère spirituelle savait qu'il y avait des choses qui allait frayer mon chemin. Des ses conseils, je puis trouver un peu de force pour ne pas me suicider ou aller vers le monde du dehors pour vagabonder et devenir délinquant.

Et là, il y avait une nouvelle page d'amour qui allait s'ouvrir inconscient de ce qui était caché derrière toute ses sombres moments qui m'ont brisé la morale.

J'aurais pu faire un autre choix, si et seulement si j'avais le rêve de devenir un homme arrogant, monstrueux et un gangster qui ne fait que tout ce qui sont immorales dans la société. Heureusement, mon rêve était beaucoup plus grand que ça, je devais me battre pour garder mon nom de toutes critiques pour devenir l'homme que je souhaiterais sans avoir passé par de mauvais chemins.

Alors, après avoir lu le message qui venait de Rose, je lui ai dit que tout allait bien pendant que je meurs de souffrance. Depuis mon enfance, je n'avais jamais voulu expliquer quoi que ce soit à personne, même si rien n'a jamais été facile de vivre dans le silence.

La vie est parfois injuste envers nous sans savoir de quelle raison qu'elle accepte de nous laisser piétiné sans cause, oui, je sais que c'est insupportable et je pense qu'un homme comme moi mérite d'être heureux.

Nous avons envoyés quelques textes qui ne valaient pas grand chose à mes yeux, après cela, je suis obligé de m'efforcer à fermer les yeux, savoir quand le sommeil allait finalement m'attraper et me conduit loin de ma tristesse.

Avec les yeux calmement fermés, je me demande quand la nuit allait finalement passé pour me soulager dès mon réveil sous l'éclat du jour qui devrait m'apporter quelque chose de nouveau.

J'ai ressenti qu'il y avait de petites flammes qui pouvaient un jour, me brûler les ailes. Pourquoi n'ai-je pas fait attention pour éviter ça ? Son visage fluorescent passa sous mes paupières comme une image qui apparaît à l'écran d'une téléphone intelligente. J'ai essayé de ne pas me laisser emporter tout en chassant les mauvaises idées et les mauvaises pensées. C'est ainsi que, finalement, j'avais retrouver le sommeil et dormis pendant longtemps ; malheureusement pour moi, un cri m'a subitement réveillé vers les trois heures du matin. Mais! Mon Dieu! Je l'ai perdu, ce sommeil profond et maintenant la réflexion remonte à niveau et encore, je suis terrifié. Que puis-je faire pour arrêter ça ? Rage! Je me sens affaibli et sinon, que de la peine qui me suit..

La première et dernière fois que j'ai allumé une cigarette.

D'où la première fois que j'ai passé une allumette pour allumé une cigarette, fut dans les moments les plus pénibles que j'ai passé dans ma vie. C'était toute une première et dernière fois que j'avais franchi cet étape. Je connais certaines personnes qui font la même chose et qui ne le fait par parce qu'ils prennent plaisir en fumant une cigarette, il y a bien sûr beaucoup qui le font par folie ou peut-être parce que c'est un désir qui mérite d'être satisfait tous les jours de leur vie.

En dépit de tout ce qui pourrait être apparus comme résultats, certains gens le tient comme s'il n'y avait aucun soucis à espéré demain.

Je n'avais de toute ma vie, jamais souhaiter de mettre une cigarette sur mes lèvres et faisant sortir une bouffée de fumée blanche ou grise.

Après qu'ils m'avaient mis à la porte, je n'avais presque rien à apporter avec moi pour m'aider à tenir le coup durant tout le temps que je passerai seule et abandonné.

Alors, avec le peu qu'il me restait, j'ai ouvert une commerce et me met à la place d'une personne que j'ai jamais été de toute ma vie. Parce que je voulais survivre parmi les nomades, pour mieux faire face à mes défis, j'ai choisi de ne pas voler, no faire autrement pour subsister alors qu'en ce moment-là, je n'avais aucun boulot et il était très difficile pour en trouver dans ce pays poussiéreux.

Après avoir débuté le commerce de boissons gazeuses, je me suis rendu à un établissement d'enseignement professionnels, c'est là que je devais apprendre le carrelage que, malheureusement, pour la phase pratique et finale, je n'avais pas assez de sous pour acheter les outils nécessaires ; alors, j'ai chuté.

À ce jour qui suivait ma défaite, j'avais trouvé une pièce pour me réfugier tout comme maintenant à l'église. Je devais faire tout ce que je pouvais pour pouvoir rester aussi longtemps que je pouvais, mais, il se passe que j'avais vraiment besoin du soutien parce c'est la première fois de ma vie que je faisait face à cette situation.

Par conséquent, je suis obligé de faire marche arrière pour ne pas pourrir dans cette forme de prison libérale.

Je n'a pas un réel confidence conformément à l'idée de pouvoir retenté une nouvelle chance entre elle et moi. Je voulais sans doute toucher sa conscience, essayé de la retenir encore un peu pour ne avoir trop concentrer à l'isolement que ma vie faisait face en ce temps là.

On avait communiqués par téléphone, comme on la toujours fait. Et, elle avait acceptée de venir me voir, de prendre des dispositions pour me soutenir en dépit de notre distance.

Nous avions bien commencer, jusqu'à qu'un jour, j'ai découvert qu'elle me trompait encore, qu'elle n'avait jamais changé d'aptitudes malgré tout ce que j'ai vécu à cause d'elle.

Cet à ce moment-là, après tant de réflexions, je me suis offert une cigarette pour cadeau et... Le cœur fondu tel un glacier qui se déforme par cause du réchauffement climatique, dans le secret, silencieusement.

Je n'avais pas l'habitude de faire un truc pareil, cependant, j'ai toujours vu comment les gens font pour se contempler en faisant poussé les bouffées.

Serait-ce la même chose pour cette nuit si pesante ? J'avais l'envie, c'est sûr ! Mais... Je n'avais pas le droit de me plonger dans ce cauchemar, déjà, je suis un homme malade et qui n'a point de personne pouvant m'aider à trouver des soins et me soulager ; j'avais aussi, besoin de voir un psychologue pour les maux psychiques qui m'ont fait maigrir et j'ai jamais grossis, même par erreur.

Je me suis dit que la solution n'était pas là, si j'ose désobéir à mon subconscient, je pourrais subir des sorts beaucoup plus dur dans ma vie. Alors, je me suis dit que : fumer, cela ne faisait pas partie de mes pratiques, sinon, mes rêves et mes projets périront finalement.

Je voulais écrire une lettre à ma future épouse, une à laquelle je sais qu'il n'y aurait pas de réponse ; mais, j'ai cru que je pouvais le faire par la foi, puisque la bible dit : le juste vivra par la foi.

Mais, au lieu d'utiliser un feuille de papier qui finira un jour par pourrir ou même emporter par le vent, alors, je l'ai fait dans mon cœur, comme une chanson d'amour qui se fredonne dans ma petite pierre brisé et contrit.

Je voulais servir Dieu, avec tout ce que je suis et mène une vie sans défaut et sans aucune trace de péchés. On en fait chaque jour, mais on peut avoir le rythme réduit dépendamment de la vie qu'on mène vis-à-vis de la parole.

C'est pour cela que, j'ai fait une prière et c'est peut-être elle qui m'a conduit jusque là aujourd'hui. J'ai pris la décision d'accepter n'importe qui pour bâtir un foyer, sans vouloir le soucier des défauts qui pourraient se présenter en face de moi. Pourvu que cette personne m'aime, que son corps me soit un outil sans refuse et qu'elle accorde à notre amour une chance de subsister à jamais.

Cela me paraissait difficile de faire confiance à nouveau à une femme parce que je l'avais complètement vu effacer dans mon livre, peut-être que j'arriverais si l'on partage un amour vrai et sincère! Ce n'est pas en faisant la cuisson qu'on arrivera à nous offert une tarte sans avoir la moindre explications, non? Je sais que c'est injuste de réfléchir de cette façon, mais, je ne pouvais que faire cela...

Au lever du jour, je fais les mêmes prières que d'habitude et ensuite, je suis aller me préparer pour le travail. La chance ! Mes élèves étaient déjà en phase d'examen et bientôt, ce sera du congé pour tout les écoles du territoire.

Avec ce venin dans le sang, je suis obligé de poursuivre les efforts visant à améliorer la qualité d'éducation que je devais fournir à mes élèves.

Après avoir pris une douche, sous le froid sanglant, je me faufiler rapidement pour m'habiller à la manière d'un professeur qui avait fait des études à l'école normale.

— maître Tham ! Est-ce que vous êtes là ? La voix d'un petit garçon qui sifflait mon nom.

— oui! Mais... Je suis sorti avec le serviette à la main, la seule chose qui me restait, c'est de collé mon cravate et hop! Fini.

— c'est ma mère, elle t'a envoyé ça. Me dit-il, le petit.

— merci beaucoup, dit à elle que je le remercie pour sa générosité. Tout de suite, le petit s'en alla. Je dis merci à Dieu parce qu'il avait mis cette vielle sur mon chemin et je ne pas exprimer ma gratitude envers elle parce qu'elle agissait comme une mère, en dépit de toute sa misère.

Après mon repas, je me suis mis en route pour l'école, marchant calmement avec une lassitude jusqu'à l'arrivée.

Les élèves se réunit conformément à la montée du drapeau comme tout les matins, cette coutume, qui ne s'efface jamais au calendrier scolaire de notre pays.

Mon téléphone dans la poche de mon pantalon noir, avec mes souliers de la même couleur et vêtu d'une chemise à carreaux de vert pois France. Je ne comprends pas pourquoi on l'appelle comme ça mais c'est le nom donné à cette couleur, mais moi je dirais plutôt, vert pois chiches ! C'est comme ça !

Le directeur, déjà en position, il essayait de gagner l'attention des élèves pour faire passer les consignes, Mathurin était débout jusqu'à à côté du cerisier qui se tient en face de l'administration. Après avoir saluer les gars, j'ai fait la même que Mathurin, jusqu'à qu'on arrive à la fin du cérémonie où tout les élèves gagnent leurs sièges pour le déroulement de l'examen.

Mes élèves étaient très intelligents, même je travaillais avec beaucoup d'amertume dans le cœur, cela n'empêche pas que le travail que je faisais puis avoir de résultats grave après les séances.

J'avais l'envie de faire la même chose pour pouvoir me sentir mieux, je ne pouvais pas faire ça devant tout le monde parce que cela le servirais d'une pierre d'achoppement. Dans de le secret! Mais qu'est-ce que je raconte enfin?! Non, maintenant, je n'avais plus besoin de fumer une cigarette, parce que c'est dangereuse pour l'âme et le corps.

Seulement, je crois que je devais résister autant que je pouvais, jusqu'à ce s'ouvre un chemin pour procuré la paix, l'amour, la santé mentale et physique ; et c'est ce que je compte faire en ce moment même.

Quand tout le monde gagne leurs salles de classes, j'ai senti que ma poche fut vibré, Ah! Mon téléphone.

C'était un appel, mais... de qui cela pourrait être ?

J'ai cru que c'était un appel de Rose et je me prépare pour lui dire que je ne pouvais plus attendre trop longtemps, dommage ! C'est une surprise qui m'a mis à penser.

— allô ! Bonjour mon frère ! Me dit-elle, Carline.

— euhh... Bon.. Bonjour ! J'ai répondu en bégayant.

— comment ça va ? Elle a demandée.

— bien merci et vous ? À ce moment-là, je suis approché vers la sortie et m'installe, parce que les enfants se concentrent sur les feuilles des examens.

— on peut dire que ça peut aller. J'ai dit d'un ton sec.

— tu vois qui est à l'appareil ? M'interroge t-elle brusquement. Je ne comprends pas pourquoi elle m'avait posé cette drôle de question, parce que nous avons tous les deux les numéros partagés. Et par sa voix un peu aiguë, j'étais sensé de savoir qui est ce sans avoir posé de questions.

— bien sûr ! Il n'y a pas de quoi me le demander.

— d'accord, alors, ça va à l'école ? Je l'avais parlé bien sûr dans le message que je lui avait envoyé dans la petite feuille de papier pour lui demander son aide, sauf que, je voudrais qu'elle sache que ce n'était pas suffisant pour répondre à mes besoins.

— tout va bien. Et vous ?

— je suis au travail. Je viens juste d'arriver et je me suis dit qu'il est nécessaire que je t'appelle pour te demander comment ça marche. Elle chuchotée de sa voix lointaine.

— merci beaucoup pour ton soucis, en fait, je suis entrain de surveiller mes élèves qui sont en plein examen, alors je pense que le moment n'est pas de mise pour en parler trop. J'ai susurré.

— je comprends ! Alors, appelle dès que tu auras terminé ! M'avait-elle suggéré. J'ai commencé par avoir une autre sensation, je ne comprenais vraiment pas pourquoi elle avait fait ça.

— à plus tard ! Après avoir raccroché, j'ai l'impression que mes plus grandes réflexions avaient été dissipées, j'ai souri et me questionne sur la base de cet appel inespéré.

Je voudrais que mon esprit soit libre, que tout ce qui me servent de malaises cours à leur chute.

Soudain, Rose m'envoya un message pour me dire qu'elle ne serait pas là et cela, pour seulement une journée entière ; cela ne faisait pas de mal, mais, je voulais bien lui parler pour savoir si je devais poursuivre le dialogue entre nous.

Quand tout mes élèves eurent terminé leur examen, je me rappelle d'avoir une parole et de tout évidence, je devais l'appeler parce que c'était promis.

Alors, je l'ai fait. À mon avis, j'ai cru que j'allais me servir d'elle pour trouver la joie ensemble sans dépassement de soi, mais, cruelle est la vie certaines fois, car il y avait beaucoup plus que ce que j'avais imaginé.

— est-ce que... Vous avez commencer à travailler sur ma demande ? J'ai demandé à cette femme qui avait toujours l'air d'une bonne personne, mais qui souffrait tout comme je le suis.

— bien sûr que oui! J'ai commencé depuis même le jour où tu me l'avais demander. Il y a des choses que je ne peux pas te dire trop rapidement mais je dois te conseiller de ne pas manquer dans tes prières. En revanche je priais presque tout les jours, mais la nuit, parfois la fatigue me saisi et me laisse emporter par le sommeil qui devient un sujet de négligence.

— merci beaucoup pour votre franchise. Comme vous travailler maintenant, je ne veux pas vous embêter alors...

— non, non! Cela ne pose pas de problème. Parfois c'est mieux de se sentir comme ça, de parler à quelqu'un pour éviter loin d'être stresser. Avoue t-elle.

— vraiment ! Alors vous en avez beaucoup de personnes pour t'aider à supporter le stress, je pense. J'ai répondu avec l'esprit un peu brouillé de doute.

— malheureusement, non. Tu es l'unique personne qui commence à le faire, là maintenant. Elle avait répondue.

— oh! J'ai crié. Cela m'avais ouvert un autre monde, je commençais à comprendre les choses d'une autre façon.

— écoute, si tu veux de l'aide n'hésite pas à me le demander, je t'aiderai dans la mesure que je peux, d'accord ?

— et bien... Merci d'avance ! Il faut que je raccroche, je n'ai plus de crédits et je suis sur le point de rentrer. Si tu veux on peut s'en envoyer des messages privés !

— il n'y a pas de soucis. À plus ! Wouah ! C'est ouf ! Je crois avoir pris dans un autre filet, mais... Qu'est-ce qui se cache derrière ces phrases si sensibles ? Un coup de cœur...

Injustice et faut jugement

Dans le cas de Rose, j'ai compris qu'elle peut-être besoin de plus de temps pour éviter que les autres disent des choses insensées à propos de notre relation ; les femmes n'ont souvent pas le courage d'avouer leur sentiment d'un seul instant, mais là, je ne pouvais pas repousser un amour véritable en se lançant dans l'histoire avec tant de hardiesse.

J'ai la certitude que cette approche faisant suite à ma demande, était sujet à quelque chose de plus profonde. Ma préoccupation se repose maintenant entre deux feux, je dois choisir maintenant mais... Il faut donc choisir la bonne personne.

Qui d'entre elles fut en réalité le résultat de la conquête qui est sur le risque d'être achever ? Jusque là, ce n'est que de l'imagination et des idées douteuses.

Un jour devais s'écouler, pour pouvoir découvrir la vérité, la grande je dirais.

Me voici, pencher sur Rose pour me venger malgré j'étais censé de l'aimer petit à petit, et elle, qui m'a fait ressenti qu'elle voulait partager avec moi ses sentiments. C'était pour moi étrange d'être pris dans ce piège à rat, je ne voulais jamais conduire deux filles à la fois.

Vu la réalité spirituelle et ses conséquences si on frôlait les normes à ne pas franchir, il me fallait beaucoup de prières et d'un vrai soutien autre que ses deux femmes qui m'ont mis dans entre l'enclume et le marteau.

J'avais de l'amour, le vrai, pour la suivante ; tant dis que, je commençais à peine à accepter le comportement de la première, à qui j'en voulais pour ses calomnies.

Et puis, du moment où tout s'est vite jeter sur moi, je devais travailler dans les services, précisément les cultes du soir. Une semaine de réveille s'était déclencher à l'église, habituellement, tout les débuts de l'hiver.

Je voulais pas rester indifférent, au début, je travaillais très souvent, on y ajoutait mon nom dans les programmes de la semaine et dans les dimanches soir; j'avais perdu ma place, il y a longtemps que mon nom n'apparaît jamais dans les planifications à cause de ma chute spirituelle.

Alors, j'ai parlé avec le pasteur de l'église, d'où, le directeur du collège.

Au bout d'une semaine environ, il avait accepté de mettre au liste des fidèles qui devaient travailler dans les cultes du soir. J'étais heureux de pouvoir enfin travailler à nouveau au programme des services semestriels, qu'enfin, je pouvais prêcher derrière le chaire après quelques années d'absence et d'abandon.

Nous sommes maintenant arrivé au dernier jour de la préparation des deux adolescents qui comptent s'unir pour la vie et jusqu'à ce que la mort arrive à les séparer.

Il fait au moins sept heures dans la soirée, tout ceux qui ont été prêt à donner leur coup de main, vaquaient à la cours et à l'intérieur de du temple. Tout le monde avaient le visage joyeux et se contentaient de tout, c'est la première fois que je devais assister à une superbe préparation de noce à l'église.

Rose, participait dans les décorations. De nouvelles rideaux et de fleurs qui devaient être installées un peu partout dans le temple, avait fait la joie de tous. En ce temps là, je me suis mis au service de tout le monde, contemplant avec exactitude le sourire aux lèvres de Rose qui ne cesse d'embaumer son visage.

La guerre contre elle commence à devenir floue, sans oublier la façon dont elle m'a montré qu'elle commençait à me faire confiance.

Cependant, avec Carline, ce n'était pas trop important pour moi, même si, à l'intérieur de moi-même je pense avoir reçu un gifle pas dans le bon sens du terme mais, qu'après notre première petite discussion au téléphone, que j'avais ressenti beaucoup plus de chaleur dans mon cœur pour elle tout à coup.

Je ne savais plus quoi faire pour me faire sortir de cette situation, je me sens léger comme une feuille de papier, je me balance des deux côtés avec les yeux fermés. Pareil à une mangue qui se balance sous le vent et qui n'a la moindre idée d'où il allait tomber pour être croquer ou pourrir.

Pour le groupe, j'étais déjà prêt pour aller avec eux, car je suis l'unique homme dans le groupe et je devais mettre mon pantalon au bout de ma taille pour ne pas causé du tort en agissant d'une contre façon, malgré la désunion entre la présidente du groupe et moi, j'ai cru qu'en faisant de mon mieux, on parlera certainement de moi si un jour, j'arrive à abandonné.

Fier de moi-même, c'était comme si tout était déjà fait. Rose, m'avait appelé pour lui donner mon aide au monture des rideaux ; ensuite, elle avait les fleurs à faire monter et à placer dans chaque poteau de de l'église, j'étais ravis de pouvoir faire équipe avec elle tout en prolongeant nos conversations.

— si je te demande de sortir avec moi, tu le ferai si et seulement si tu ne faisais pas partie de ses membres aujourd'hui ? J'ai demandé à Rose qui me fit un regard perçant.

— quelle est cette drôle de question? Serais-tu capable de forcer une fille comme moi à suivre tes règles ?

— et bien... Si toutefois mon amour pour elle n'a rien de réel et que je ne porte pas de pantalon ! J'ai répondu. Elle riait follement de ma réponse, j'ai même percé qu'elle ne voulait pas m'avouer la vérité, cependant, qu'elle était belle et bien amoureuse.

— d'accord mais... Je ne pense pas que c'est juste de forcer une personne à marcher sur le peau des fesses !

— pourtant, tant la personne n'est pas amoureuse ce serait un peu difficile mais dans le cas contraire... C'est possible !

— pourquoi tu ne veux pas m'avouer ce qui se cache dans ton cœur? Tu préfère que les gens souffrent de ta bonne conscience ?

— que me servirait-il de t'avouer ce que j'ai du plus profond de mon cœur ? En fait si cela devrait y arriver, il faut donc que je te rappelle que toute chose à son temps. Elle a répondue, Rose.

J'ai cru à ce moment que les traits des amour interdits avaient disparus, en revanche, entre ces deux dernières, j'ai cru qu'il devait être plus facile de graver les échelons sans aucun soucis.

Rose, ne voulait pas démonter son amour ni se montrer trop intéressé par ce dernier, à son regard, de la manière dont elle parlait, je pourrais justement croire qu'elle ne faisait que semblant alors que ses sentiments pour moi étaient bien réel.

En cette soirée, nous avons parlé de tout et de rien mais, la réponse que j'attendais paraissait floue alors que je voulais qu'elle soit clair et précise en sa décision. Donc, après cette soirée, d'où la soirée suivante, je suis tombé sur une photo d'elle sur son profil, assise sur un jeune garçon dont je n'avais jamais vu de mes yeux.

Furieux, je l'ai vite envoyé un message pour pouvoir avoir un peu d'explication sur cette image frustrante.

— qui est-ce avec toi dans cette photo ? Pourquoi tu es assise dessus comme si tu étais mariée ? J'ai demandé à Rose qui m'écrivais à son tour.

— c'est mon frère ! Tu es jaloux ? Elle a répondue par cette drôle de question que je n'avais aucune raison de répondre.

— alors, une sœur assise sur un frère comme un copain ! Dis moi la vérité. Je ne croyais vraiment pas qu'elle disais vrai, elle savait que cela pourrait causé des dommages entre nous, alors, elle l'avait peut-être fait par exprès.

— c'est vrai ! Je te dis la vérité. Me répondit-elle.

J'ai fait une courte réflexion et je me suis rappeler de tout les mensonges que j'avais connu dans la relation précédente, alors, j'ai eu peur de continuer, surtout, elle résistait toujours à la réponse que j'attendais d'elle après la demande que je l'avais fait depuis notre première conversation. C'est devenu beaucoup trop fragile pour continuer à persisté une fille qui affiche une telle image à son profil. J'avais peur de ne pas être victime à nouveau, alors, j'ai abandonné notre conversation.

Pour éviter d'être la risée des autres, je suis obligé de passé à côté de ce qui avait commencé, en plus, j'avais une autre chose à régler. J'avais besoin de trouver une vide soit du côté de Rose, soit de l'autre côté afin d'avoir l'idée de ce que je devais faire pour ne pas le regretter.

Le jour suivant, je devais travailler dans le champ, on m'avait choisi pour un des membres d'accueille au service de la soirée. Alors que je me prépare, Kéty avait continuer à pousser l'histoire qui s'était passé entre moi et cette infidèle femme qui m'a fait autant souffrir qu'auparavant.

Alors, Gérard, le pasteur de l'église, m'avais demandé de le retrouver pour une petite tête à tête pour une question de discipline. Durant tout les parcours que j'ai fait, c'est la première fois que j'avais été convoqué pour cette raison.

Qu'ai-je fait de mauvais?! Je trouve que c'était un peu bizarre et drôle à la fois.

Quand je suis aller lui retrouver, il m'a dit qu'on lui avait rapporté que cette femme était porteuse d'un bébé et cela, c'était de moi. Étonnamment, je me suis mis à me défendre, lui avouer que c'était un mensonge et que celui qui lui avait rapporté ce message voulait me faire passer pour une personne que je ne suis pas en vrai. Je savais qui a avait fait cela, je me préparais à ouvrir une grande discussion avec elle pour lui demander de ne jamais parler de moi quand elle a envie de parler de quelqu'un.

Malgré tout ce que je lui ai dit pour défendre mon cas, il ne croyais qu'à la parole de Kéty qui m'en voulais parce que j'ai rompu notre relation entre mère et fils. Je lui ai tout expliqué, malgré cela, il m'avais suspendu et m'avais remplacer par quelqu'un d'autre.

C'est une injustice, une grave erreur de sa part causé par des faux jugements. Quand je suis rentré, j'ai questionné à Kéty, cette complice qui avait mettre mon programme en déroute.

Nous avons discuter et j'avais trouvé la raison parce que tout les autres savent que je n'aurais jamais fait une chose pareille.

J'étais pris dans le piège, un complot monté avec la complicité de cette infidèle femme et Kéty qui voulait se faire passer pour le juste. Heureusement, j'avais le contact avec cette nouvelle amie que j'ai tout expliqué à la suite. Elle avait compris ce qui, se passait dan toute cette histoire, alors, elle avait parlé à ce sujet avec le pasteur qui a les yeux bridés spirituellement. À la fin, il avait accepté de me remettre à mon poste, après ces faux jugements, je sais que, plus jamais je n'aurais aucune raison de parler à Kéty, parce que c'est une traître, tout le monde devait se méfier de cette femme, une vielle meuf qui n'avait que se concentrer sur sa vie spirituelle mais qui se mêle à la vie privée des autres.

Beaucoup de gens ont toujours eu de problème avec elle, elle n'a pas les lèvres sèche celle-là. Tout ce que sait de quelques-uns de ses frères et sœurs en Christ, elle était toujours prêt à raconter pour salir la personnalité de cette personne sa avoir la moindre idée de ce qui s'est réellement passé.

C'est là le début de notre histoire, le souci qu'elle avait présenter à l'égard de moi, m'avais fait savoir que je ne devrait plus aller plus loin.

Non! Nous ne pouvons que rester dans le cadre de l'amitié, comme je l'ai dit précédemment, la considérée comme une mère et moi, un fils.

Dans la nuit suivante, nous étions entrain de partager des textos, alors que, nous parlions au sujet de l'amour, des choses qui pourraient être prises en compte dans la construction d'une nouvelle relation.

Dans ses messages, à part de ce que nous devons parler, elle me parlais d'une sensibilité qui fut à l'origine d'un amour véridique, Ah oui! Elle était tomber amoureuse de moi.

Soudain, j'ai fait une autre réflexion parce qu'elle avait déjà des enfants et que celle qui m'a mis dans cette situation fragile c'était à cause de ses enfants et de son mauvais comportement.

Alors, je lui ai envoyé un message pour lui dire que : je suis désolé pour ce qui était entrain de se passer entre nous, et que tout devait s'arrêter là...

Je ne voulais pas l'offenser, par prudence, je voudrais éviter les mêmes sorts, les mêmes problèmes connus avant et qui en est la cause de mes souffrances.

Elle avait exprimer son mécontentement et je l'avais compris, mais, quelque chose m'avais poussé à mettre fin à cette relation.

Au cours de la soirée suivante, elle avait passé par devant le publique et exprime sa profonde blessure après avoir reçu ce nouvelle. Alors, mon cœur s'est rouvert pour laisser pénétrer ses sentiments et les adonner à ma sensibilité. Cependant, je n'avais encore rien dit à propos de ce sujet, parce que je ne voulais pas subir encore une fois; j'ai suspendu l'envoie des messages et gère un moment de silence.

Plonger dans cette carrefour, j'ai pris la décision de prié avec le cœur sincère afin de pouvoir trouver une issue face à ces questions. Enfin, vendredi dernier jour de la semaine et dernier jour des examens ; à la place du réveil, ce sera une veille de nuit comme ça se fait par habitude tout les derniers vendredi du mois.

En cette grande soirée, il y avait un dirigeant étranger et invité pour conduire le peuple dans l'adoration parfaite pour le grand seigneur qui réside dans les lieux célestes.

J'étais assis au premier banc et elle aussi, mais nous étions séparer par la femme du pasteur de l'église qui était assise au milieu de nous. Elle n'avait aucune idée de ce qui se passait entre nous, mais nous on le savait.

Durant le moment de l'adoration, tout le monde dansaient, loue et chantaient pour glorifié le nom du Dieu vivant.

À la suite, il avait baisser le volume et passa à un niveau de consécration inattendue. Alors, quand il allait demander à chacun de tenir la main de celui qui est à côté de nous, la dame avait quitter sa place et j'étais surpris de constater ce qui s'est passé. Est-ce vraiment une bonne partie de l'histoire qui devrait se recommencer ainsi ? Mes yeux dans ses yeux, nous n'étions que les deux à avoir été resté au premier rang. Alors, on l'avait, et c'est là que j'avais commencé à comprendre que ce qui nous était arrivé était bel et bien réel.

Elle avait les mains froides, son visage marquait la tristesse et elle faisait semblant de ne pas à s'en faire de la situation. Par conséquent, j'ai attendu la fin du service pour lui parler et m'excuser pour ce qui s'était passé, j'avais seulement besoin de savoir si je trouverais une réponse à mes prières à ce sujet, le nôtre.

C'était comme si elle avait un soif et qu'enfin, l'eau avait fini par percé le sol, ce fut une autre page qui s'est réellement ouvert.... La quête, a-t-elle réellement enfin arrivée à sa finalité ? L'avenir dira le reste...

Choix enfin finaliser

Après le mariage des jeunes qui avaient fait l'objet d'un débat au sein de certains groupes de l'église, le jour de la réouverture de l'école fut arrivé si rapidement, que je ne pouvais plus compté sur les jours qui suivent au sujet de la grande vacance.

J'ai décidément accepté d'abandonner le coup, la vengeance qui devait être à ma portée ; elle avait ouvert une fenêtre pour que ce qui constitue notre relation se dissipe comme une fumée qui se dégage et fuit. Alors, maintenant je suis arrivé à faire un choix et à laisser tomber l'autre, parce que j'avais un projet devant moi et je ne pouvais plus jouer à des petits jeux qui ne valaient rien du tout.

Après avoir fait tout ce long parcours, il fallait que je m'arrête pour respirer un peu, pour dire qu'enfin : mon parcours est achevé. Solène, je voulais l'éviter à cause de son âge, et pour plus de précision, j'avais vingt ans en ce temps là; malheureusement, elle avait commit le pire et aujourd'hui, elle est porteuse d'un enfant. Ce qui m'a vraiment noyer dans une tristesse profonde, je n'aurai jamais pu commettre cette erreur.

Maintenant, je fixe mon regard sur l'avenir, tout ce qui me restait et le rêve que j'avais à poursuivre en dépit de tout ce que j'ai vécu dans la vie.

C'était la reprise des classes, de ce fait, je me suis rendu à l'administration pour chercher quelques ustensiles pour débuter le trimestre suivant. Mes élèves avaient sans doute donnés de très bon résultats, mais je devais essayer de faire autant pour ce cycle.

— Dit, tu as fait du bon boulot ! Lança le directeur.

— merci beaucoup monsieur Gérard. J'ai répondu. J'ai toujours été passionné de mon travail, c'est pourquoi je me suis donner corps et âme pour le faire. Disant cela, j'ai cru que c'était un espoir pour un augmentation de salaire, cependant, il n'y avait aucun rapport. Je ne peux pas en déduire la raison pour laquelle il agissait de la sorte, tout ce que je sais, c'est que le minimum qu'il nous fournit tout les mois n'était pas convenable à notre travail. Pour les autres, je ne peux pas dire autant, mais pour Mathurin et moi, c'est toujours un simple laisser aller.

— je suis très satisfait de ton courage, tu travailles mieux que les autres qui ont succédés. Dit-il. Je te félicite encore une fois.

En réalité, ce n'était pas à ce que je m'attendais, je continue à croire qu'il devait y avoir un moyen de trouver un boulot beaucoup plus rentable pour me satisfaire véritablement.

J'ai pris des documents pour les matières d'aujourd'hui, puis, j'ai quitté la direction pour rejoindre mes élèves.

— _hé_ maître Tham! Cria Mathurin en m'appelant depuis l'entrée de la classe qu'il gère, en particulier, la première et deuxième année fondamentales. Il se débrouille lui aussi, il y avait à l'intérieur de lui, un vrai amour de sa profession. Bâh...même si en réalité il n'avais pas passé à l'école normale supérieure lui aussi.

Je me suis rapprocher pour savoir ce qu'il avait à me dire, sans oublier qu'en ce moment-là, je pensais à une seule personne, Carline ma future conjointe.

— concernant le projet dont nous avions parler, on aura besoin d'un espace pour loger le club. J'aimerais bien qu'on avance avec ce dernier, je pense que c'est très important. Me dit-il.

— tout à fait ! Nous aurons besoin d'un local pour le loger, en plus, il faut qu'on fasse une sensibilisation à nos élèves pour permettre de mieux démarrer le processus.

— j'ai un ami qui pourrait nous aider dans ce sens, je pense lui parler de ça parce qu'il est un directeur d'un collège qui contient une série d'espaces très bien aérées. Me rassure t-il, Mathurin.

— très bien ! C'est vraiment une bonne idée. J'ai déclaré.

— à côté de ça, parlons un peu de cette fille dont tu m'as parlé. Vous allez vous mettre ensemble ? Elle a acceptée ? M'interroge t-il en souriant.

Ce n'est pas un secret que je devais garder dans un tiroir, c'est mieux quand on a quelqu'un pour bavarder un peu.

— et bien... Malheureusement, non. Elle ne voulais pas me donner une réponse claire, de ce fait, je suis obligé d'abandonner la quête. J'ai répondu en poussant un grand soupir.

— elle avait déjà peut-être quelqu'un d'autre ! Et pourquoi elle ne te la pas dit plus tôt ? C'est drôle. Réplique t-il.

— peut-être ! Oui. Mais... J'ai trouvé l'amour de ma vie maintenant, je m'en fous de notre première conversation. Et toi tu as trouvé ?

— quelle chance ! Moi... Euhm.. J'ai croisé une fille sur mon chemin et je pense bien que ça pourrait marcher. Me répondit-il.

— c'est une bonne nouvelle ! C'est pour ça qu'on travail, je souhaite qu'elle te soit une aide parfaite mon ami.

— cela ce pourrait ! Je crois qu'elle m'aime et qu'elle a l'intention de faire une affaire très sérieuse. Il a susurré, Mathurin.

— je te souhaite déjà bonne chance mon pote. On ne peut pas parler trop longtemps, on parlera au moment de la récré.

— d'accord, mon ami. Je suis retourné dans ma salle de classe, les enfants bavardaient avec un bruitage un peu élevé, alors, je tiens à ce que tout le monde se taisent et retournent au couvert de la discipline.

Je me suis remis au travail en essayant de me concentrer sur les matières à enseigner à mes élèves, principalement, la science expérimentale. J'ai bâti un horaire pour les matières, chaque jour, j'enseigne deux ou trois matières différentes. C'est une technique beaucoup très pratique pour les enseignants qui savent réellement ce qu'ils font, les élèves ont besoin de légèreté par rapport aux connaissances qu'ils doivent acquittées.

Un bâton de craie entre les doigts, un stylo au couleur rouge pour les corrections des devoirs ou de petits teste.

D'un coup, une bagarre s'est éclaté entre deux de mes élèves, à cause d'un cahier déchirer par l'un des petits garçons qui essayait décrire sur une page du cahier de l'autre. Alors, je l'ai ai puni, disons plutôt, celui qui avait commis l'infraction; ensuite, j'ai demandé au petit, la raison pour laquelle il avait fait ce désordre et il a répondu : je n'ai pas fait exprès monsieur, je lui ai demandé une feuille parce que j'ai oublié mon cahier chez moi ; je veux écrire les notes... Ayant entendu cela, je me suis rendu à la direction, il a toujours des feuilles de papier inutile dans les cartons. Puis, j'ai pris une feuille, le remis tout en lui demandant de ne pas forcé les autres, ni forcé à prendre leurs affaires. S'il y a quelque chose qui manque, parlez-en au professeur de la classe.

J'ai ressenti mon téléphone vibré dans la poche de mon pantalon, un message ! Je suis resté concentrer sur ce que je faisais pour ne pas troublé la classe, ainsi que, ne pas manquer dans les notions que je devais leur donner.

Au son de la cloche, tout les enfants criaient de joie, c'est pour eu un moment toujours attendu et ils fassent toujours du bruits pour démontrer leur contentement.

Au respect de l'heure que j'avais à ne pas dépasser, j'ai levé la voix pour leur dire qu'ils devaient maintenant sortir pour la récréation.

Certes, il y a quelques d'entre eux qui préfères rester à l'intérieur, mais la plupart des élèves aime courir sur la cours en jouant à de nombreux jeux auxquels ils s'intéressent.

Avant même de sortir, j'ai lu le message qui avait fait vibré ma pochette. Toi ! C'est vraiment du sérieux à ce que je commence à comprendre.

" dès que tu auras pris la pause de la récré, fait moi savoir pour t'indiquer où tu dois venir me voir. "C'est de la part de... En revanche, la page s'est tourner vers une seule personne et c'était la dernière qui me reste.

J'ai pris quelques secondes, assis sur un des bancs alignés presque vide, simplement pour essayer de trouver une raison de déplacer durant la récré en déployant mes ailes surnaturels.

Comme elle m'avait demandé de le faire, je l'ai averti de mon déplacement, pendant que le soleil luisait encore avec une grande consistance. J'avais la sensation d'être un peu épuisé, pareillement aux feuillages secouées par la froid qui fait trembler les paumes des humains.

J'ai quitté l'espace de mon boulot, après quelques minutes de marche, elle était venue me rencontrer en chemin ; quelle est la raison ? Elle était la seule à pouvoir répondre à cette question.

Cependant, je pense avoir fait un deuil de toutes celles qui ont voulues me tromper, sans doute, j'avais peut-être raison d'abandonner la relation entre Rose et moi d'aussi vite. J'aurais plutôt préféré garder un simple amitié avec elle au lieu de me remettre à nouveau dans cette affaire, et cette photo? Essayait-elle de me donner une réponse sans qu'elle ne s'explique auprès de moi? Peut importe la raison, elle l'a fait et je devrais éviter de replonger dans ces mauvaises aventures.

— salut ! Lança t-elle de sa voix aigüe.

— salut.

— je sais que tu es en plein moment de travail et... Je voulais simplement te donner quelque chose. Déclare t-elle. Tu es en pause après tout !

— oui, à cet heure-ci les enfants profitent de la récré pour s'amuser. J'ai répondu.

— aller ! Suis moi. Elle s'est mis a marcher et j'avais l'obligeance de la suivre sans poser de questions.

Assaillis de doute, je réalisait que c'était un peu moins facile de courir trop vite avec elle. Quand nous étions arrivés, elle m'avait offert à manger, je voulais refusé de son offre ; ce n'est pas parce que ce n'était pas chez elle en réalité, mais, je ne m'attendais pas à une telle approche.

— ne soit pas injuste, ne me fait pas honte ! Je sais que tu as besoin de coup de main et c'est pourquoi je t'ai laisser ce que je pense qui pourrait te plaire, s'il te plaît, accepte la. Insiste t-elle. Après une courte réflexion, je me suis rendu compte que l'heure s'écoule d'une forte rapidité, alors, j'ai accepté de manger avec elle, pour la première fois depuis que nous avons commencé notre conversation.

— si tu veux, tu peux me donner ton téléphone pour le recharger et tu pourras venir le chercher chez moi à cinq heures ! Tu veux ? Ajoute t-elle.

— d'accord ! Je te remercie beaucoup.

Après cela, je suis retourné à l'école pour poursuivre mon boulot. On avait pas encore sonné pour la deuxième partie des cours, les enfants jouaient et mangeaient.

Je suis assis sur le banc au-dessous du manguier, Mathurin, m'apercevant à côté du mur, fut venu me retrouver dans le but de continuer notre conversation.

— je croyais que tu n'était pas là maître Tham. Tu étais sortis? Me demande t-il de sa voix un peu enroué.

— sûr ! Une amie m'avait demandé de la rejoindre au moment de la récré alors, j'avais obligé de quitter l'école pour quelques instants. J'ai répondu à l'ami qui fut asseoir à côté de moi.

— alors, parle moi de l'objectif de ce club. Comment allons-nous procéder à la bonne marche de ce grand projet ? Me demande t-il.

— Ah! Le but clé de ce grand projet est de former les enfants hors de toutes les programmes de l'école ; cela veut dire, qu'il y a des formations supplémentaires que nous allons les donner. Telle: une formation sur l'anglais, une formation sur le savoir-vivre et autres !

— c'est une très bonne initiative ! Je ferai en sorte que ce dont je t'ai parlé de pouvoir l'aboutir à une bonne réponse. Me dit-il. À côté de ça, j'aimerais bien te faire part de ça : cette fille dont je t'ai parlé, elle avait déjà eu un copain et ils ont été séparés. Elle m'a dit qu'elle avait besoin d'aide pour accéder à un cours de cuisine et je suis obligé d'accepter de l'accorder mon aide. Penses-tu que c'est une bonne idée ?

— bon! En toute franchise, je dois avouer que tout le monde mérite d'être soutenu par quelqu'un. Cependant, il y certaines femmes qui veulent seulement profiter de nous et ensuite elles gâchent tout ce qui avait été commencé.

Ce n'est pas un problème, non! Mais... Penses-tu qu'elle a vraiment de l'amour pour toi mon ami? C'est la première chose à laquelle tu dois y réfléchir. Sinon, les remords peuvent te déséquilibrer si elle te prend par surprise.

— je ne sais pas en vrai, mais....

— écoute, si tu veux savoir si tu peux l'aider, alors oui, tu peux le faire. Mais pour cette raison, tu vas devoir fermé les yeux sur l'amour en le faisant parce que si c'était toi quelqu'un le ferai peut-être. Par contre, si tu l'aimes, tu dois essayé de faire un petit teste pour savoir si tu ne pouvais pas l'aider, est-ce qu'elle accepterait de rester à tes côtés? C'est ça le plus important.

— je comprends ! Je vais essayer d'aller au-delà de sa demande, parce que je ne veux pas que la charge tombe sur ma tête pour le regretter après. Confirme t-il. Cependant, ce n'est pas ça qui peut m'empêcher de l'accorder mon, mais tu sais... L'argent est devenu un élément plus difficile à procurer.

En discutant ainsi, le secrétariat avait sonné pour la deuxième période de la rentrée. J'avais le cœur ouvert, j'étais heureux de pouvoir continuer mon boulot et je n'arrête pas de sourire durant toute la poursuite des cours.

Quelques parmi les élèves, m'apercevant ainsi, me disaient : mais qu'est-ce qui cloche je vous monsieur? Vous n'avez pas l'habitude de sourire comme ça. On dirait que quelqu'un t'as dit quelque chose de très spécial ! Cela m'a fait poussé un éclat de rire, bien sûr ! Ils avaient raison. Je n'avais pas l'habitude de porté cet humeur durant les cours...

Mais la raison se repose sur le choix que j'avais fait une fois depuis que j'avais pris la décision de donner une dernière chance à mon cœur.

J'avais enfin trouvé le sourire, le problème, c'est que je ne sais vraiment pas combien de temps que ça va durée ; bref ! Ce jour-là, j'avais l'impression d'être comblé de quelque chose qui m'avait manqué depuis un certain temps, comme je l'ai toujours dit, tout les jours de ma vie, je veux éviter de mener une double vie ou de mener deux femmes à la fois sans avoir de la connaissance des conséquences que cela pourrait engendré.

D'une équitation sensiblement lié à une vie, telle, la mienne, je voulais faire en sorte que ma liberté se projette là où mes désirs en tirent leur passion. Elle m'a démontré qu'elle avait un cœur semblable au mien, un cœur sensible qui comprend les choses telles qu'elles sont.

Alors, j'ai voulu continué à faire des prières, afin de ne pas être trompé de nouveau. Est-ce suffisant ? Une fois que j'aurais commencé, je ne pourrais plus reculé ; parce que mon amour est véritablement attachant, c'est ce qui me fait toujours subir quand je me confie à une femme dont je crois fidèle et sincère.

De ce fait, je crois avoir finaliser mon choix, même si en réalité, je ne peux pas véritablement dire que c'était la maîtresse de mon cœur, celle que j'attendais il y a des années ; ce n'est pas une manque de confiance ou une imposante doute disgracieux qui fut à la base, c'est que, parfois on se trompe et je me trompe souvent dans de cas comme celui-ci.

Quand je suis rentré, j'avais toujours le même sourire et les mêmes sentiments continuaient à croître au dedans de mon cœur. Elle paraissait beaucoup plus mature, mais, ce n'était pas là le problème ; plutôt d'où ma question : que se passera-t-il si j'ai fini un jour par l'épouser ? Le résultat...

Notre première nuit sous les orages

Après avoir fait du recul au discussion avec Rose, je me sens enfin libre de dire que j'avais trouvé l'amour de ma vie.

D'une contestation pacifique, j'ai souligné d'une faible assurance, que tout le monde arriverait à accorder une chance à notre relation amoureuse.

Peut importe leur jugement porté sur notre relation, j'ai toujours cru que nous étions les seuls à pouvoir assumer les responsabilités.

Déjà, je réfléchis à ce que nous devons faire pour améliorer les conditions de notre relation d'amour. Envie de faire une déclaration sincère à ma bienvenue, la seule chose qui pourrait m'empêcher de serrer les coudes, c'est la chrétienté qu'on partageait ensemble à la même église.

Il y a des gens qui sont prêts à construire des plans pour empêcher que ça marche, j'avais toujours mis ça dans ma tête, parce que je les ai connus tous. Je sais pas mal je jeunes ayant subit ce genre de bouleversements, ce n'est pas seulement une chose imaginable.

Néanmoins, je devais bâtir un plan d'action pour sauver notre amour, malheureusement, je n'avais pas pensé à une série de choses qui pourraient y arriver sur notre chemin. Delà, je me contemple des sentiments d'alégresse qui m'avait entouré comme de la brume invisible, chaque fois que son image me remonte, je me suis dit que " ça y est ! C'est le commencement d'une prochaine étape dans ma vie. "

Au cours de la soirée, je me suis porté volontaire pour la prière d'ouverture au culte du réveil d'où son thème : il n'y a pas de ciel sans violence. C'est exactement la même chose pour réussir, j'ai toujours pensé qu'il faut se sacrifier pour pouvoir réussi dans cette vie, surtout dans ce pays maudit. Pour grandir dans la société, sans vouloir commettre des infractions, il faut toujours usé d'une violence qui serait pour soi une ligne de souffrance et de misère. Surtout, être professeur sans avoir aucun autre moyen de vivre, demande une délicate attention à sa vie.

Si on compte sur nos salaires, déjà on en fait une grave erreur ; dans ce pays où tout réside à la domination de ceux qui sont déjà en classe moyenne, la survie est une chose beaucoup plus complexe qu'il en soit ailleurs.

En passant, il faut se mettre d'accord à tout pour éviter de commettre des actes abominables.

Je suis resté dans la petite pièce, assis, en attendant que l'heure de la dévotion arrive ; je devais aussi me rendre chez elle avant que l'heure soit arrivée, pourtant, je ne l'ai pas fait parce que je voulais éviter d'être coïncidé.

Je suis resté dans le secret, sans vouloir dire à personne ce qui était entrain de se passer dans ma vie ; la seule personne à qui j'ai donné quelques petits détails, c'est Mathurin et il habite à une distance très lointaine.

Kéty, avec toute sa honte, passa sous prétexte que je pourrais ajouter un mot, sans aucun geste de salutation. Ah! L'hypocrisie ! C'est une gangrène dans les églises ; une maladie qu'il faut éviter ou supprimer si on veut réellement croître spirituellement.

Malheureusement pour moi, mon téléphone, je l'avais remis à ma nouvelle copine pour le recharger comme elle me l'avais proposé. Elle a appelée Kéty qui me passe ensuite le téléphone, elle me dit qu'elle était chez elle et que je pouvais venir chercher mon appareil avant le déroulement du culte de ce soir. Et le piège, c'est par là qu'il avait trouvé son fondement.

Après le service, elle était venue pour participer comme elle le faisait toujours ; cependant, elle n'avait pas apportée le téléphone pour que je puis me rendre chez elle parce qu'elle avait laisser un repas pour son copain.

Alors, je l'ai suivi et en marchant à pas de géants, nous ne devrions pas prendre beaucoup trop de temps pour y arriver; car, la distance parcourue pour arriver chez elle n'était pas plus longue que ça.

— pourquoi tu m'as fait venir ici? Ce serait plutôt mieux de me l'apporter là-bas. J'ai murmuré.

— tu aimerais qu'on disent des choses qui peuvent nous mettre dans une situation de troubles ? Tu sais que ses gens vont mal agir s'ils apprennent ce qui se passe entre nous. Elle a répondue.

— c'est vrai, tu as raison. Et la journée, c'est s'est passé comment ?

— c'était un peu tendue. Surtout, quand on s'est vu au cours de la journée, ça m'a tranquilliser d'un peu de soucis. Énonce t-elle en souriant.

C'était la première fois depuis que nous avons commencé nos conversations, que je suis rentrée chez en asseyant à bord de sa table.

— content d'entendre ça, mais, penses-tu que c'est une bonne idée de rentrer dans maison sans que sa maîtresse ne le sache ?

— Ah! Il n'y a aucun soucis ! Elle n'a aucun problème avec moi. Au contraire, je l'ai parlé de toi, je l'ai parler de toi et elle souhaite te voir tu sais ! C'est n'est ça l'important, je veux que tu te sens à l'aise à mes côtés et je dois avouer que ta présence m'a fortifier.

— tu penses ?

— je suis sincère ! Me dit-elle.

— tu sais... Parfois on en fait des erreurs, on se trompe d'une personne qu'on crois réellement qui est pour nous tout ce que nous avons besoin ; mais, quand on a ouvert la parenthèse, j'ai cru que j'allais trouver une...

— n'en parle pas trop ! Mange d'abord ce que je t'ai apporter et on parlera après ! Me coupe t-elle sans me laisser finir ma phrase.

À cet instant là, je voudrais te dire ce qui se passait réellement à l'intérieur de moi quand je t'ai entendu parler de tes enfants qui t'avaient manqué si profondément. J'ai fini par t'aimer et remplacer ce désir par ce qui sont plus susceptibles et beaucoup plus sensible du plus profond de mon cœur ; non! Je n'avais pas le choix de me laisser tomber amoureux parce que tu avais fait preuve d'une grande sincérité et tes sensibles sentiments ont voulu me mettre sur la voie de la réparation.

Je voulais que tu change les idées et peut-être changer les miens aussi en te disant la vérité, parce que je suis un homme qui ne profite pas les femmes pour s'en fuir. Alors, tu m'avais arrêter de parler et moi aussi, j'ai tout abandonné simplement pour ne pas te faire du mal.

Je ne veux pas que tu sois dans le doute, pourquoi pas te dire que, vu notre différence d'âge, je voudrais que tu me sert plutôt d'une mère que de te dire des choses qui ont peut-être des conséquences sur notre relation.

Quand j'ai terminé de manger, il y eut un éclatement d'une poche de pluie et des orages très intenses. Elle était toujours assise sur une chaise à côté de moi, me regardant éperdument, ayant entendu le déclenchement de cette forte pluie, elle me demandait de m'empresser pour empêcher de ne pas rester coincé sous le ciel pluvieux.

Je n'avais pas envie d'aller dans ma couche, j'avais quelque chose qui me pressait et je ne pouvais pas résister à cette force surnaturelle.

— tu dois te débrouiller, pour ne pas arriver trop tard là-bas. Même si la pluie est un peu plus fort, mais... Je ne veux que ces gens t'accuse une fois de plus. Me dit-elle. Elle avait une robe de nuit blanche et clair, son visage luisait comme au rythme des éclairs.

— ne t'inquiète pas pour moi, la pluie est trop forte et tu ne souhaite pas que je sois mouillé, non?

— bien sûr que non! Mais... Elle était inquiétée, cependant, c'était pour moi une bonne priorité, un nouveau moyen de faire remonter mes profonds sentiments et en faire une nouvelle expérience.

— il n'y aura aucun problème avec les autres, peut importe ce qu'ils pourraient dire, cela ne regarde que moi. Profitons nous plutôt à parler de tout ce qui concerne notre relation, je me sens bien ici. J'ai répondu calmement.

— non Tham, je n'accepterai pas que tu reste dehors et personne ne sait où tu es non plus. Ils pourront te faire subir des choses qui ne devraient pas en arriver alors il ne faut pas.

— prenons au moins quelques minutes de plus ! Cela me ferai grand plaisir.

— d'accord ! Mais il faut éviter les discussions et des problèmes qui pourraient t'affecter. Oh! J'ai une parapluie, je te la donnerai pour rentrer chez toi si la pluie persiste encore. Elle a dit, Carline.

Cela m'avais beaucoup affecté, mais, j'avais préféré de garder mon silence comme je l'ai toujours fait.

Par ailleurs, je pensais à des moments inexistants, des instants que je souhaiterais vivre avec elle, mais, trop tôt pour réagir à ce sujet. Est-ce vraiment ce que j'appelle la maîtresse du cœur ? Une question qui n'avait pas encore de réponse, en effet, ce dont j'avais vraiment besoin j'ai cru que c'était avec l'accompagnement d'une femme qui j'arriverai à résoudre ce problème.

Enfin... C'est un peu drôle à y penser, maintenant, en face de moi, je voulais réellement savoir si l'on pouvait construire une vraie famille qui m'apporterai ce qui me manque en réalité.

— écoute ma chère, je ne sais pas comment te le dire mais... Ce que je ressens est très particulier et très spécial. Je n'avais jamais pensé que je pourrais ressentir tout ça pour une femme que j'ai rencontré à peine. J'ai déclaré à cette femme qui m'avait prêtée beaucoup d'attention. " Je suis désolé de t'avoir brisé le cœur, je n'ai pas cet habitude, mais pour des raisons sincères, j'avais obligé de tout arrêter. " disant cela, je me rappelle en cette soirée de réveil où elle avait demandée pour chanter un cantique, et ce soir là, après ma décision, elle avait parlée d'un cœur parfaitement brisé et dérangé par quelqu'un. Je savais que c'était moi, même personne d'autres n'avait pas compris ce qu'elle disait, mais moi, si.

— pourquoi veux-tu t'excuser ? C'est du passé maintenant. Bah... Malgré que ce jour-là, j'ai presque pas dormi en réfléchissant à tout ça. Elle a ajouté, Carline. Elle avait l'air un peu triste, ses yeux trempés comme des cailloux dans la rivière froide.

— je ressens ta profonde tristesse, je veux que tu me pardonne c'est tout ce que je demande.

Elle me fait un regard perçant et s'éfforçait de répondre.

— bon! D'accord, je te pardonne ! Lança t-elle.

J'ai mis ma main sur la sienne et toucha doucement son visage.

— je ne sais pas encore durant combien de temps je pourrais résister, mais, tu dois savoir que je n'ai aucun envie d'aller loin de toi. Ne le parle pas des autres, ils ont leur propre vie et de débrouillent comme ils peuvent ; pour toi et moi, nous devons faire preuve de sincérité en prenant une décision pour nous protéger.

— nous protéger ! Je vois pas ce que cela signifie.

— je veux dire, notre amour. Au moment où je parle, l'heure était entrain de s'écouler rapidement et il devint tard.

— écoute, je... Je suis un peu inquiétée pour toi mais, je dois t'avouer que moi aussi je n'ai pas vraiment la force de te laisser partir. Me dit-elle. Depuis le jour où je t'ai vu entré dans cet église, mes yeux ne cessent d'augmenter la fréquence de mes sentiments pour toi; sincèrement, je pense que cette chance que tu nous a donné, nous l'avons bien mérité. Elle avait avouée, Carline.

— si c'est vrai, alors pourquoi tu veux me chasser de ta maison ? Ne suis-je pas un oiseau solitaire qui mérite d'avoir un nid pour survivre ?

— non! Je ne suis pas entrain de te chasser de chez moi, mais...

— je te l'ai déjà dit, ma chérie, ne soit pas inquiétée pour moi car je sais tout ce que je peux faire pour éviter les murmures. J'ai répondu.

— oh! Il est tard! Qu'est-ce que tu vas faire ? M'interroge t-elle, les yeux grandement ouvert.

— je vais... Rester ici et passer la nuit avec toi. Notre première.

— tu es sérieux ? Elle a crié.

— alors dans ce cas, je vais sortir et dormir dehors sous la pluie et les orages ! Tu es satisfaite ?

— mais... Je n'ai pas dit ça ! Bon, d'accord ! Tu vas passer la nuit avec moi, la seule chose, je vais dormir par terre pour empêcher de ne pas faire des bêtises. Marmotte Carline, un peu paniquée.

J'ai compris son anxiété, son incertitude par rapport à ce qui pourrait y arriver si les hypocrites découvre que nous avons dormi ensembles, de ce fait, je devais faire en sorte que tout soit bien passé et si on me demandait où est-ce que j'avais passé la nuit, alors, je devrais concevoir une réponse stratégique pour couvrir ce secret.

Après avoir terminé le repas, elle m'a donné une brosse à dents toute neuve pour me brosser avant de dormir. Cela me faisait si bien que j'avais même eu l'envie de l'embrasser et de la serrer fortement, de l'eau et ensuite du savon pour ma toilette.

Enfin, elle avait fait son lit à côté ce qu'elle m'avait offert pour me reposer.

— si tu as besoin d'autres choses, fait moi savoir !

— non, merci beaucoup ! C'est déjà trop. Je dois avouer que sans toi sur le lit, cela me paraît très injuste de ta part. Je n'ai pas l'intention de te faire quoi que ce soit, pourquoi tu ne me fait pas plaisir ? Fait moi confiance !

— je comprends bien ce que tu veux dire, mais je veux éviter que rien ne se passe entre nous ; c'est de l'amour ce n'est pas de la haine, on pourrait brûler dans ces flammes qui dégage ces fortes chaleurs dans nos cœurs. N'insiste pas, d'accord ! Je te fais confiance, moi non. Sa réponse m'avait poussé à faire une grande réflexion, alors, je n'ai pas insisté comme elle me l'a demander. Par ailleurs, j'ai fini par comprendre que nous étions tous les deux faibles d'une part. Peut-être, je n'aurais jamais pu la toucher par respect que j'ai pour elle, cependant, si elle le faisait à ma place, aurais-je vraiment la force de la repousser? De toute façon, l'amour aurait pu nous forcer à jubiler dans ce lit déjà couvert de froid à cause de l'air qui traversait les petits espace libre qui n'étaient pas barrés.

Soudain, elle avait poussé une grande soupir avant de m'avertir, elle avait d'après son comportement, une bonne qualité d'une femme très spirituelle et très attaché à l'Évangile.

Elle prêchait, elle participait à des activités évangéliques et tout le monde l'apprécie.

— ne me dit pas que tu vas dormir sans faire une prière ? Me rappelle Carline, couché par terre sur ses draps bien arranger pour former son lit.

— je l'ai déjà fait. J'ai répondu. Même si certaines je néglige cette pratique, ce soir-là, je l'avais fait pour demander de la force et l'approbation de Dieu à propos de notre relation.

— très bien ! Je sais que tu vas travailler demain matin de bonne heure, alors, bonne nuit ! Lança t-elle sous les bruits de la pluie qui frappait sur le toit fait en tôle.

C'était une pièce, mais qui pourrait être séparer en deux chambres, comme elle était la seule à avoir habitée cette maisonnette, elle l'avait laisser sans rien modifier.

Alors, je suis resté dans mon silence, pensif, et quelques minutes après, j'étais volé par le sommeil avec l'espoir de voir un nouveau jour sans la pluie, ni orages...

Le projet que nous avons besoin de tenir

Après une nuit passée sous le toit de ma chère bien-aimée, je devais justement me lever de très tôt pour aller bosser.

À cause de la foi et l'application de la bible, nous avions éviter de ne pas commettre un acte pécheresse. C'est difficile, je le sais, mais quand on veut éviter quelque chose de mal on peut le faire aussi. Ce n'est pas parce que nous étions tomber l'un pour l'autre que nous devrions nous laisser porté par l'envie de satisfaire nos désirs sexuelles ou même corporels. De ce fait, quand nous accomplissons les œuvres de la chaire, comme dit la bible, nous en avons toujours la bonne conscience de ce que l'on fait, car la volonté nous oblige toujours à faire un tour sur nous-mêmes.

Au soleil levant, la clarté, s'étalant à l'intérieur de la petite maisonnette, m'avait porté un nouveau programme journalière. Maintenant, je sens que ma journée va être restreinte, comblée par la communication entre elle et moi.

— hé! Tu es réveillé ? Me demande t-elle de sa voix ordinaire.

Je n'avais presque pas envie de répondre, mais, je devrais éviter d'être en retard ou de marqué mon absence, cela qui pourrait un signe suspect et peut-être même dangereux pour ma position.

— hum, je le suis. J'ai répondu en grommelant.

— je vais travailler, je sais que tu auras besoin de quelque chose alors, je t'ai laissé cinq cent gourdes sur la petite armoire juste à côté de toi. Me dit-elle. Pour fermé la porte, je te laisse la clé et quand tu auras terminé, tu pourras me l'apporter au moment de la récréation, d'accord ? Ajoute t-elle.

— très bien ! Elle avait une robe noire et ses cheveux courts tressés lui avait donné une allure très ravissante. J'avais envie de le dire ce que je pensais, mais elle s'empressa de quitter la maison parce qu'elle était en retard pour le travail. Sourire aux lèvres, j'avais le cœur touché par ce geste, elle m'avait donné l'impression d'être le soutien qu'il me fallait, la force qui m'avait manqué durant toutes ses années.

J'avais pour elle, une reconnaissance particulière qui m'avait fait réfléchir d'une autre manière ; j'ai promis de la remettre ce qu'elle avait fait pour moi et la récompenser parce qu'elle ne regardait pas ma position financière, elle savait que ma vie était difficile, que le peu qui rentre dans ma poche n'avait presque pas de valeur vu aux exigences de la vie.

Alors, je suis sorti après elle, me rendant à l'église pour me préparer rapidement pour me rendre au collège. Quand je suis arrivé, Kéty me regardait comme si quelque chose lui avait échappée ; dans son silence, elle pouvait pensée à n'importe quoi, mais, je suis rentré sans vouloir arracher un mot que de simple salutations à tout le monde.

Après avoir terminé l'application de mes expressions quotidiennes, j'ai franchi rapidement la petite porte et me mettre en chemin pour une nouvelle journée de travail.

À mon arrivé, la dévotion commençait déjà, avec le secrétaire qui est déjà sur les lieux; Gérard, rester dans la direction se prépare pour des cours ailleurs.

À côté de mon ami, je me suis installé jusqu'à la rentrée scolaire. J'avais à ce moment-là, de forte pressentiments, même si je faisais en sorte que je ne me soit pas rendu coupable si toutefois, les gens me questionne à ce sujet.

Un peu nerveux, mais aussi, très optimiste, je garde un calme bienveillant pour m'asperger à toute critiques, pas dans bon sens du terme ! Cela signifie, que je pouvais dire n'importe quoi pour me défendre parce que je suis plus un enfant et je pouvais passer mes nuits là où mon cœur le désir.

La plupart d'entre ces personnes, ils n'ont pas besoin de savoir comment ou pourquoi telle ou telle chose arrive dans votre vie ? Même pas des questions à poser sur des sujets qui, souvent, ont des tendances personnelle. C'est une des plus grands problèmes de mes parents, tout ce qu'on leur rapporte de quelqu'un est toujours un fait sans précédent, pourtant, surtout quand ces personnes espère vous voir ruiner, même s'ils ne pourraient jamais bénéficier de votre gain.

Par conséquent, il faut toujours pensé qu'il y des gens qui utilisent vos actions simplement pour vous détruire. Parfois ils le font pour de l'argent, certaines fois sans raison valable, on peut simplement par méchanceté.

Après que tous les enfants furent gagner leurs salles, j'ai débuter le cours par un sujet très intéressant : " pourquoi les enfants doivent-ils respecter leurs parents ? " ce fut un grand débat qui fut mettre à l'éveil les enfants qui, souvent font de bonne notes au production écrite.

J'ai fais ce choix, pour les aider tenir l'esprit ouvert psychologiquement. Cependant, mon esprit n'était pas si calme à ce qu'il paraissait, peu importe ce que j'ai souffert, je voudrais que mes élèves puisse se sentir dans leurs peau pendant que ultérieurement, je réfléchissait.

Encore une demie journée écoulée, j'étais déjà sur le départ. Après avoir reçu un message pour me demander si j'étais en route, j'ai quitté la cours de l'école sans avoir pris du temps pour discuter avec Mathurin qui, sans doute, avait des choses à me dire à propos de notre projet. Hélas ! Arrivé à côté du petite boutique logeant au carrefour des trois chemins, je l'ai envoyé un texte pour lui permettre de savoir que j'étais sur le point d'y arriver.

Finalement, j'ai frappé à la porte de la maison où elle travaillait depuis quelques années. Elle m'avait expliqué quelques parcours qu'elle a vécue au cours des années antérieures. J'avais compris qu'elle voulait faire preuve d'une femme de courage en choisissant de ne pas misé les regards sur les autres, tout ce que je voulais d'une femme, j'ai cru qu'elle a été créé comme juste pour moi, mais à côté de ça, je voulais trouver un mot, quelque chose autre de ce qui s'était passé pour confirmer réellement que c'était la dernière personne en qui je pouvais avoir confiance ; en dépit de tout ce que j'ai vécu et qui m'ont cicatrisé, je croyais que la maîtresse du cœur avait le pouvoir de réparer toutes ces erreurs et me mettre en confiance à nouveau.

— j'ai cru que tu n'allais pas venir. Me dit-elle, en me fixant des yeux.

— bien sûr que je viendrais ! Et les clés ? J'ai avancé.

— qu'est-ce qu'ils t'ont dit, les autres ? M'interroge Carline. Elle avait l'air inquiète et très soucieuse.

— rien. Je veux dire, pas encore ! Personne ne m'a encore interrogé à propos de mon absence. Et si on avait décidé de me mettre à la porte, qu'est-ce que tu dirais à propos de ça ? J'avais envie de savoir à qui dont j'ai affaire, si elle m'abandonnerais dans les pires circonstances.

— pourquoi tu dis ça ? Je vis toute seule à la maison, si tu rencontre un problème à cause de moi ce serait injuste si je ne porte regard dessus. Me répondit-elle.

— on ne sait jamais ! D'ailleurs, personne m'a encore poser de questions.

— peut importe ce qui arrive, je suis prête à te recevoir chez moi. M'assure t-elle en déposant la marmite par laquelle elle faisait cuire la nourriture de la petite famille de sa patronne.

—tu es sérieuse ? Mais tu ne me connais pas !

— écoute moi chérie, je n'ai pas besoin de passer une ou des années pour savoir si je peux compter sur quelqu'un ou pas. Avoue t-elle. Même si nous ne sommes pas encore marié mais je crois que nous avons quelque chose en commun, sauf si tu ne m'aimes pas réellement. Sinon, pourquoi je t'abandonnerai si les autres ne veulent plus de toi? Je suis sincère. Elle a ajoutée.

— si je ne t'ai pas aimer, pourquoi aurais-je du accepté de dormir chez toi ? Disant cela, je ressens de forte intensité de sentiments m'en accaparer.

— c'était un cas imprévu, cela aurait pu m'arriver moi aussi. Elle a confirmée.

— je suis d'accord avec toi, mais je suis pose que s'il y avait quelque chose qui n'allait pas entre toi et moi tu le saurais. J'ai affirmé. Elle a tête une tête en haussant ses épaules.

— dis moi donc, pour être loin de certains doutes, loin de ne pas penser à des choses vaines, j'aimerais bien que tu me dis ce que tu espère qu'on fasse, si toute façon on aurait croisés des ennuis que ferions nous dans ce cas? Me demande t-elle, vaquant de ses occupations. Elle travaillait étant que femme de ménage, elle s'en occupe de la maison d'où sa maîtresse est chaque jour partie travailler, c'est une infirmière très connue et qui n'avait pas le temps de prendre soin de ses deux petits fils qui sortent toujours de très tôt de l'école.

— et bien... Ce que j'espère c'est que nous faisons ce que nous avons à faire ! J'ai répondu en bégayant.

— c'est-à-dire ? Questionne t-elle.

— que nous devons nous marier pour éviter d'être scandaliser! Même si en réalité, cela me paraît un peu difficile à cause des problèmes économiques mais toutefois, notre seigneur peut nous venir en aide si c'est sa grande volonté.

C'était pour moi, le plus grand projet que nous avions besoin bâtir ensembles, d'ailleurs, être chrétien, cela demande de respecter toutes les conditions de la vérité.

— impressionnant ! Tu as raison, oui. Elle acquiesça d'un court sourire.

— je dois avouer qu'il est nécessaire de penser à ce procéder, peut importe ce qui arrive, nous pouvons le surmonter tous les deux.

— c'est une bonne logique ça. On a assez d'en discuter, tu veux manger maintenant ? S'informe t-elle.

— et bahh... Je suis à bout de l'heure, si tu veux ! Elle avait compris que le peu de temps que je disposait m'étais un peu court, nous ne pouvons pas passer tout le temps qu'il me restait pour discuter sans penser à mon boulot laisser derrière. Mon patron aurait pu me blâmer si je restais à consumer le reste de la journée que je devais achevée en me penchant sur les devoirs et les leçons pour mes élèves.

Après avoir terminé mon repas, j'étais satisfait de sa générosité et la remercie d'avoir toujours pensé à moi. Quelques secondes après, j'ai repris le chemin de l'école pour aller me remettre au travail.

Plus tard, après avoir passé une journée si fatigante, je suis resté assis sur le mur avant l'arrivée de l'heure du culte pour la troisième soirée de réveil. Soudain, j'ai eu l'idée de me rendre chez madame blanc, peut-être qu'elle s'inquiétait par qu'on s'est vu il y a plusieurs jours. Alors, je me suis rendu là-bas, je ne devrait pas être en retard pour la prière du dévotion qui commence toujours avant même l'arrivée des autres membres ou invités. C'est le troisième groupe de l'église que j'ai intégré depuis ma renaissance, cela faisait longtemps que j'avais trouvé une révélation pour participer dans ce groupe mais, j'avais subit une chute, ce qui avait provoqué un retard dans ma spiritualité.

Quand je suis arrivé, à l'entrée de la cours les enfants m'apercevait et criait : maître Tham est venu ! Ils courussent comme s'ils m'attendais frapper à la porte.

Puis, je salue tout le monde, particulièrement, madame blanc qui ne pouvait pas cacher sa joie en relâchant un long sourire.

— comment tu vas mon compère ? Cela fait des jours que tu nous a abandonné, tu as quelque chose contre nous ? Me demande t-elle, la vielle dame au cheveux gris, son visage pâle, la mâchoire ovale.

— bien sûr que non! Je vais bien, merci. Je n'ai rien contre vous madame blanc, c'est juste une question de temps. J'ai répondu en misant sur mon secret.

— une manque de temps ! Tu as trouvé un autre emploi ? Je pense que c'est la seule raison qui pourrait t'empêcher de venir nous voir souvent. Elle préparait du cassave, en étalant les maniocs qu'elle avait rappé et détrempés.

— non! C'est simplement parce qu'il y a des autres importantes que je prépares et cela m'a demandé beaucoup de temps à réfléchir dessus.

En-dessous des arbres fruitiers, il faisait un vent froid et les nuages qui se dissipaient, donnèrent l'envie de vivre une expérience nouvelle et de faire un voyage solennelle.

Son mari, n'est pas souvent à la maison car il rentre toujours très tard, de ce fait je lui ai proposé mon aide produire les cassaves, c'est l'une de nos costumes qui, aujourd'hui, n'est plus pratique et je ne sais pas pourquoi.

J'ai mis la main dans la pâte, ses enfants étaient joyeux et étions comme une vraie famille, une seule personne qui avait manqué, n'est-ce pas son mari ? Il était aller travailler pour apporter du pain dans sa maison, même si en réalité, la plus grande charge se reposait sur sa femme.

Du coup, je ressens vibré mon portable, mais qui cela pourrait être ? Alors j'ai pensé à Carline, peut-être qu'elle avait oubliée de me dire quelque chose d'autre ou qu'elle avait des doutes à propos de moi; quand je regardé le destinataire, c'était... Rose! Mais, cela faisait longtemps qu'on ne s'est pas communiquer. Franchement, je n'avais plus besoin de lui parler, plus besoin de recevoir des excuses. Pourtant, elle avait pensée à moi et je voyais pas en quoi consiste la raison, j'ai lu le message

et puis j'ai remis le téléphone à sa place sans rien vouloir lui
répondre...

Seconde nuit accidentelle

Ce gros problème, toujours irrésolu, je croyais que c'était un moment parfait pour être enfin me sentir libre et consolé.

Je me rappelle ce jour, où Isabelle me disait : je sens que tu es à la recherche de quelque chose, d'un amour spécial et unique; tu veux que la femme qui devait venir à ton secours soit nettement adonnée à toi seule, ce n'est pas impossible ce que tu cherches, mais, difficile.

Sans rien vouloir lui avouer, elle disait vrai, Isabelle ; cependant, elle voulait essayée de prendre la place au grand dommage, la sienne était déjà occupée et on ne pouvait plus aller plus loin.

Dans la petite pièce, je lisais une strophe de chant que j'essayais de maîtriser d'avantage, on m'avait élu comme le dirigeant de l'ouverture du réveil ; alors, je me préparais pour ne pas passer derrière ce chaire juste pour la forme d'être celui que je ne suis pas, pour cela, j'ai demandé de la force au bon Dieu et implorer son pardon.

J'ai cru qu'elle allait être présente ce soir-là, mon cœur palpitait très fort à cause de la peur. Donc, après avoir fait tout ce que je devais faire pour commencer à l'heure voulue, je me suis rendu sur place et débuté le moment qui m'étais très précieux.

Heureusement, son absence m'avais empêcher d'être stresser, pourtant, cela m'avais choqué. Quand le culte eu terminé, je suis resté seul dans le temple, car tout les autres étaient rester à côté de la petite pièce en dialoguant et faisant de grand éclats de rire.

J'attendais son message avec impatience, je n'avais pas de crédit pour l'appeler ou l'envoyer le message moi-même. Je suis rester appuyer contre le banc, un peu attristé ; et soudainement, j'entendis la petite sonnerie de la messagerie instantanément, et enfin : " je suis chez moi, je sais que tu devrais participer au culte de la soirée alors j'ai choisi l'heure parfaite pour t'envoyer ce message. " m'écrivais la grande dame que j'attendais impatiemment.

Ayant lu son message, j'ai couru d'aussi rapidement que possible pour me rendre chez elle ; il faisait déjà un nuit très sombre et terrifiante, j'ai pris le chemin et quand je suis arrivé, j'ai frappé à la porte qui était déjà fermée.

— bonsoir ! Je croyais que tu n'allais plus venir à cause de l'heure qui est déjà avancée. Me dit-elle après avoir ouvert la porte de la maisonnette.

— bonsoir, j'attendais ton message, je n'ai pas de crédit pour te demander qu'est ce qui s'est passé, pourquoi j'ai remarqué ton absence aujourd'hui ? Tu m'as manqué. J'ai avoué.

— Ah! Je suis désolée, j'ai terminé de travailler un peu trop tard et je me suis dit que : mieux vaut que je reste parce-que l'heure était déjà trop avancée pour me rendre au réveil, alors je suis restée. Avoue t-elle, me faisant signe de m'asseoir.

— pourquoi tu ne me l'avais pas envoyé d'avance ? J'ai fait beaucoup de soucis. Je voulais qu'elle soit dans sa peau, qu'elle ait conscience de ce qu'il y avait quelqu'un qui pensait à elle et se faisant du soucis pour elle. J'avais l'impression qu'elle avait besoin de quelque chose comme ça, d'un vrai soutien.

— je m'empressais pour terminé avec les travaux. Aller ! Voici donc ce que je t'ai apporté. Me dit-elle en soulevant le couvert.

— merci beaucoup. Avant, as-tu pensé à notre discussion d'aujourd'hui ?

— bien sûr que si! Je pense qu'il est important de continuer à faire des prières avant même de prendre une décision finale concernant notre relation. Bredouille t-elle.

— et si tu étais le seule à pouvoir choisir, qu'est-ce que tu choisirais ? Répond moi sincèrement.

— et bien... Qu'on se mari! C'est la seule chose qui pourrait nous empêcher à commettre des bêtises. J'ai pris la cuillère, la soulevant et pris une cuillère de brouillon.

— c'est délicieux ! C'est... Toi qui l'a faite ? Elle avait poussé un long sourire, exprimant sa profonde préoccupation.

— si! C'est la raison pour laquelle j'étais en retard aujourd'hui.

— tu sais... J'ai dit en abandonnant le repas. Je ne sais vraiment pas ce qui m'arrive, c'est la première fois que je ressens ce mystère pour quelqu'un, je ne veux jamais te manquer, je voudrais... Te voir tout les jours de ma vie, te voir sur ma couche dès mon réveil. Je suis... Complètement amoureux de toi. J'ai ajouté. À ce moment-là, j'étais sincères, j'avais une forte envie de la serrer dans mes bras ; pour moi, j'étais tomber sur la plus importante personne qui détienne un cœur comme le mien.

— je ne sais pas quoi dire... Je ne peux rien faire en ce sens et tu le sais. Réplique t-elle, de sa voix tendre et aiguë.

— je sais. Mais, je suis convaincu que nous parviendrons un jour à trouver cette porte ouverte pour partager nos plus intimes sentiments. Elle me fit un regard touchant et j'avais compris ce qu'elle avait ressentis à cet instant là.

— tu dois te débrouiller, il est tard tu sais ? J'avais ressentis cette tendresse, cette forte attention particulière qui apparaissait sur son visage.

— tu l'a dit, il est tard, je ne peux pas aller là-bas, personne n'accepterait de m'ouvrir. J'ai répondu calmement. Ce n'est pas parce que j'ai voulu faire semblant pour dormir avec elle, mais, c'était ratifiée.

Déjà huit heures et demie dans la nuit, c'était déjà beaucoup trop tard pour eux ; je savais qu'à cet heure-là, que la barrière de l'église était déjà fermée à point.

— écoute moi, je veux éviter les problèmes qui pourraient nous mettre en bien de difficultés. Murmure t-elle. Tu vas devoir essayé de frapper et si on ne t'ouvre pas, reviens me trouver car il y a assez de place pour toi. Me rassure t-elle après ces mots.

— en passant, n'as tu jamais envie de moi depuis la première fois que j'ai dormi ici? Je voulais savoir si réellement elle avait le sang chaud pour me prouver que j'avais raison de me plonger dans cette relation, je n'avais pas besoin de preuve en sens contraire, mais, je voudrais qu'elle parle et qu'elle me disait la vérité.

— cette question est fragile ! Exclame t-elle. Pour être franche avec toi, j'ai toujours ressentis de fortes émotions quand je parle avec toi, parfois je me sens complètement trempée, mais tu sais, j'évite de ne pas tomber avec toi.

J'avais grand plaisir d'entendre ça, c'était une bonne nouvelle d'après moi, je ne voulais pas détourné ce choix qu'elle avait faite parce que c'était pour nous protéger.

J'étais sûr de moi, sûr qu'encore une fois, j'allais passé une deuxième nuit à ses côtés, bahh... Même si pour ça nous sommes obligés de dormir séparément.

— pas très étonnant ! Pourquoi tu ne m'a jamais rien avoué ? Tu n'as pas confiance en moi? Ai-je demandé à la dame qui avait la main sous la mâchoire.

— si je n'avais pas confiance en toi, je n'aurais pas dû te laisser mes clés en partant. Bredouille t-elle sous un ton plus calme et à voix basse. Je trouve que c'est inutile de parler de ça, d'ailleurs, on ne peut pas aller plus loin. Elle a murmurée.

J'essayais de la regarder droit dans les yeux, mais, ses paupières, tombèrent sur son corps me poussaient à comprendre qu'elle était un peu timide en ce sens, voir honte et pourquoi pas !

— bon, d'accord ! J'ai compris. Mais dites, si nous étions des païens, me laisserais-tu planté mon arbre dans ton petit jardin secret ? J'ai dit en pour plaisanter. Elle tomba folle de rire et me répond : qu'est-ce que cela implique ? Nous ne le sommes pas d'ailleurs. Avait-elle répondue sous sa voix coquine.

— je n'ai pas de jardin ! Et pas de terre non plus. Avait-elle ajoutée.

— ouais ! C'est vrai. J'ai répondu en riant. Après cela, j'ai repris ma petite cuillère et finir mon repas.

Quelques minutes plus tard, je l'ai souhaiter au revoir simplement parce que je ne voulais pas qu'elle me faisait passé pour un menteur, mais je savais que nullement, je prenais la route complètement couvert de noirceur. Il n'y avait que les étoiles qui sillonnaient dans le ciel, quelques lampadaires installées au bord des chemins qui ne pouvaient pas faire grand-chose. En chemin, je fût couvert d'un froid énormément saccageant, je n'avais pas apporter mon chandail avec moi, de ce fait, je fût victime par le courant du froid qui m'avait fait tremblé les membres même en marchant.

Quand je suis arrivé, j'ai frappé plusieurs fois à la petite barrière fait en tôle ; personne ne vinrent m'ouvrir, tandis que j'entendais leurs voix qui mâchonne quelque chose comme parler de la journée de quelqu'un d'autre.

La pluie commençait à se vider timidement, et j'ai commencé à être trempé dehors sous le sombre vigueur de la nuit. Alors, je suis retourné chez elle, furieux, sans contrainte, parce que je savais que je ne pouvais pas dormir dans la rue.

Une fois avant avoir misé sur cette relation, j'avais obligé de passé une nuit chez Elourdes, ce jour-là, je voulais satisfaire mes désirs, et une force à voulut me remettre avec elle. Quand j'avais réalisé que c'était une piège pour en finir avec tout mon destin, j'ai tourné le dos après m'avoir excusé auprès de Kéty qui, à cet instant là, me servait d'une amie qui pouvait comprendre ce qui me déstabilisais.

Je suis retourné chez Carline couché dans son lit à cet heure-ci, car, il était déjà vers les neufs heures du soir et le froid était pesant. En marchant calmement dans ce chemin sombre, je me disais que ma vie était pareille à ce qui je vis sous le ciel pluvieux et hors des étoiles.

— Carline, ouvre moi s'il te plaît ! J'ai crié en tremblant de froid. Constatant que le quartier était incombant, j'ai ressenti à ce moment-là, quelque chose d'anormal que n'avais partager à personne. Un chien passa et tout à coup, il repassa comme un chat qui joue à son proie ; je savais que peut importe la force surnaturelle qui me suivait, ne pouvait rien contre moi parce que j'étais couvert d'une puissance. C'est la garantie parfaite que nous avons en Christ quand nous prenons la vive décision de le servir d'un cœur sincères et de toute notre âme.

— je croyais qu'ils t'avaient ouvert la porte, j'ai failli dormir. Me répondit-elle en ouvrant la porte de sa maisonnette. Elle l'avait louer pour une durée d'une année et chaque fois qu'une année s'écoule, elle devait payé la même sommes pour prolonger le loyer.

Je n'avais pas encore fait cet expérience, car, je vivais chez mes parents et j'avais une chambre à ma disponibilité.

— malheureusement, non. Je te l'avais déjà dit, elle n'accepterait jamais de m'ouvrir parce qu'elle n'est pas mon ami et ensuite, elle espère toujours trouver quelque chose contre moi pour me mettre dans des conditions néfastes. J'ai dit. C'est une sorcière qui a la peau d'une chrétienne, d'un vrai faux semblant.

Elle m'avait ouvert la porte et je suis rentré tout trempé, elle m'avait donné un short bleu marine et un maillot jaune et vert pour dormir, parce que je portais un jean lourd et un maillot de longues manches qui étaient déjà mouillés par le serein de la pluie.

Cette fois, elle avait dormir derrière moi, j'avais un autre sensation et au fond de la nuit, quand soudains je me suis réveiller, elle avait les yeux toujours ouvert et elle se tournait, se bougeait, mais cacher son secret. Je savais à ce moment-là, ce qui lui traversait et la faisait bougée ainsi, cependant, je préférais de ne pas en parler et de laisser ça pour plus tard à cause de mon incertitude.

Lui parler de sensations ne faisait qu'aggraver les choses, il fallait donc que j'évite de ne pas comme ce péché et je suis resté calme jusqu'à ce que je puis m'en dormir.

C'était une nuit accidentelle, mais, j'avais aussi voulu passé toute ma vie à ses côtés. Ressentir sa chaleur qui se bat contre mon corps, respire son parfum et me sentir dans ma peau à côté d'une femme que je pouvais compter sur elle.

On s'est partager le lit, mais c'est comme si nous avions fait la même chose pour la première fois ; la seule chose, c'est que j'avais ressentis quelque chose de particulier, elle avait tremblée pareillement à une vibration qui se dégage d'une téléphone en silence. Mais... Qu'est-ce s'est bien passé en réalité ? C'est une question à laquelle elle était la seule à pouvoir répondre et moi je ne pourrais pas ajouté ce quelque chose qui dépassait constamment ce qui s'était passé, mais, j'avais des doutes et peut-être, un peu confus...

Journée scandaleuse

Le lendemain, je fût réveillé de bonnes heures et elle aussi, elle voulait sortir beaucoup plus tôt que possible ; avec cette idée moche dans la tête, j'ai voulu lui demander se qui s'était passé, or ça, je pu hésité et ne rien dire à propos.

— tu veux que je fasse la même chose ? Ou si tu veux, je pourrais te donner une de mes clés et si tu voudrais venir te reposer et faire quelque chose à manger comme ça tu pourras t'amuser ! Me dit-elle en s'habillant. Elle a un corps gras et son visage plein comme un œuf, je ne pouvais voir qu'une partie de son corps, parce qu'en effet, je n'avais pas encore l'accès de voir plus loin dans ce pays de merveille.

— tu veux me donner une clé ! Ça non... Je pense qu'il est plutôt mieux d'attendre que tu sois venue de travailler. Ne me prend pas mal, c'est simplement pour éviter le pire. J'ai rétorqué. Prenant la brosse à dents et de l'eau pour commencer à me préparer pour la journée suivante.

Quand elle fût s'en aller, je suis sortie à la suite de toute préparation que je devais faire pour prendre la rue, la seule chose qui me manquais, c'est de pouvoir changer les habits et me rendre au collège.

Au cours de nos premières dialogues, j'ai cru c'était la femme de mon temps, la femme qui avait une authenticité très délicate et sur qui on pouvait toujours compter. De ce fait, j'étais près à me battre pour elle, près à surmonter quoi que ce soit pour qu'elle soit toujours heureuse. On a souvent ce programme dans la vie, mais parfois, on tombe sur une pierre qu'on croyait épais.

Je me suis rendu dans mon pâturage pour pouvoir terminé mes effets, je veux dire, me mettre en forme pour le travail.

Arrivant à l'église, j'étais entrain de m'habiller d'aussi vite que je pouvais car j'étais déjà un peu en retard, quand une des sœurs chrétienne qui dormait aussi à l'église s'approcha de moi.

— qu'est-ce qui se passe frère Tham? Cela fait deux fois que tu n'as pas dormis ici, un problème ? M'interroge t-elle, cette sœur qui n'était pas du tout du même genre que Kéty. J'ai apprécié la façon dont elle était venue me poser les questions, en chuchotant pour ne pas vociférer ce qui était entrain de se passer.

De l'intérieur, j'entendis Kéty faisant un gros soupir, ce qui ne m'avais pas déranger, parce que je savais qu'elle ne serait pas contente.

— je sais que c'est étrange ce qui se passe mais... C'est simplement parce que j'ai été bloqué durant la en allant chez une amie alors, comme il fût un peu trop tard pour venir jusqu'ici je suis obligé de rester pour monter dans la matinée. Pour les détails, je voulais pas en dire autant à cause de l'heure qui, déjà, était un top en avance.

— pourquoi tu ne nous a pas avertis d'avance ? Elle a rétorquée, madeleine. Je me souviens qu'elle m'avais offert deux maillots blanc manches longues, ce soir-là, j'avais porté un de ces derniers parce qu'il m'a rendu élégant.

— et bien... Je te le dis, ce sont des cas imprévus! Je n'ai aucun contact entre vous que je pouvais appelé si je suis coincé alors... Ce n'est pas de ma faute. J'ai ajouté. Ce n'est pas parce que je voulais vraiment me défendre, mais, elle était la seule à pouvoir me comprendre dans ce cas.

— tu sais que cela peut te mettre dans de situation difficile, tu dois éviter ça. Réplique t-elle en sortant, elle parlait en souriant, de ses grand yeux vitreux, son visage rond au teint violacé.

Vite, je me suis dépêcher pour empêcher de ne pas arriver trop tard ; quand je suis arrivé, la barrière était fermée mais pas à point. Je l'ai poussé doucement, puis, j'ai pris la direction de l'administration pour aller chercher de la craie afin de me rendre dans la salle de classe.

Ce fût la deuxième fois que j'étais un peu irrégulier, la première fois, c'était à cause de ma maladie, j'avais de gros douleur anale et j'étais obligé de m'efforcer à paraître, d'où cette raison, j'étais le seul à pouvoir le savoir.

Quand j'étais arrivé à l'intérieur, après une courte salutation envers le secrétaire qui était surpris de mon retard, le directeur était absent et c'était un peu mieux comme ça.

Je me suis rendu en classe et commençais à travailler, mes élèves se disputaient, à mon arrivé, ils ont tous garder le silence et se disposent pour les cours.

Pendant que je travaillais, un enfant de la classe de Mathurin passa me donner un message, mon cœur s'était cassé, mais, j'avais repris toute ma vigueur.

La femme du pasteur avait besoin de me voir! Elle, grasse comme une vache, un peu gentille mais, sadique à la fois. Elle avait la coutume de diriger les services du dimanche et certaines fois, les jeudis soirs; elle était aussi la présidente du groupe des dames de l'assemblée.

Après avoir posé une fraction sur le tableau pour mes élèves, j'ai quitté la salle pour quelques minutes, m'excusant auprès de mes élèves avant d'avoir sortie.

— bonjour madame ! J'ai lançai en m'approchant dans la pièce où elle faisait des fritures pour vendre aux enfants de l'institution.

— bonjour frère Tham, comment ça va ? Me dit-elle, Stania.

— bien. J'ai répondu au sec. Je savais de quel sujet elle allait me parler, franchement, je n'avais pas envie d'entendre plus un mot.

— on m'a dit que tu dormais dehors...

— je ne dors jamais dehors madame, il y a des chiens très méchant dans la rue. J'ai repris en lui coupant la parole.

— qu'est-ce que tu racontes ? Ce n'est pas ça que je voulais insinué. Elle a rétorqué. Je veux dire que tu ne dors pas à l'église, qu'est-ce qui se passe ?

— rien ! Seulement... Je peux dire que je ne suis pas un enfant et je crois avoir le droit, non? Je n'avais aucun idée de lui raconter se qui s'est réellement passé, parce que là, il s'agissait de ma vie.

— je sais que tu as un droit, mais il faut que tu évite certaines choses, il y a du danger dehors. Murmure t-elle, Stania, assise devant ses ustensiles, enroulait la pâte qu'elle allait utiliser pour les frites. L'odeur du l'huile était très forte dans la pièce, de la graisse frites, pourquoi pas de la viandes que faisait frire d'abord.

— écoute, euhm... Je pense que ce sujet est un peu trop longue à discuter, mes élèves m'attendent là-bas. Ai-je dit en essayant de ne pas comblé mon esprit, parce qu'en ce moment, j'avais besoin plus de calme pour réfléchir à ce que je devrais faire pour ne être pris dans le même piège précédent.

— tu peux t'en aller, mais, je te le dis encore une fois, il faut que tu fasses attention Tham, cette vie est dangereuse! Je savais déjà que la vie était dangereuse et même injuste certaines fois, je n'avais plus besoin d'entendre ce rappelle.

Je suis retourné dans la salle, un peu furieux, puis, j'ai poursuivit mon boulot. Cependant, j'avais un sentiment d'insécurité qui rôdait autour de moi et je me disais que ce n'était que le début du scandale qui allait peut-être me déstabiliser.

Quelques heures après avoir passé des programmes importants suivi d'une grande révision pour mes élèves, c'était déjà le son de la cloche qui avait fait sortir tous les enfants de leurs classes.

Mathurin, était passé me voir dans ma salle, alors que je préparais la deuxième tranche de la journée scolaire pour mes élèves.

— maître Tham! Il a crié, Mathurin. On dit toujours maître quand on désigne un professeur, mais pas dans le bon sens. En réalité, il n'y a qu'un seul maître, lui seul mérite toujours d'avoir ce titre et qui sera toujours à sa porté.

— comment ça va ? J'ai demandé à mon tour.

— ça va mon ami. Il s'était assis sur le banc à côté de moi, je ne voulais être déconcentré, mais, discuté un peu ne pourrait pas me causé trop de problèmes.

— j'ai discuté au directeur dont je t'avais parlé, il a accepté de nous donner une salle pour tout les samedis...

— vraiment ! Mais, c'est une bonne nouvelle cher mon ami! Je ne m'attendais pas à recevoir ce nouvel, j'avais presque tout oublié, bien évidemment, parce que j'avais l'esprit ciblé par des pensées lourdes et pesantes.

— si tu veux on pourra même débuté samedi prochain. Me dit-il en souriant.

— non, on peut pas. J'ai répondu. Nous devons d'abord mobilisé les enfants et envoyé un message à leurs parents pour qu'ils puissent être prises en compte dans le cadre d'une première inscription. il avait secoué la tête, acquiesça par ce geste.

Tout à coup, le secrétaire est apparu comme une couleuvre qui défile sa tête pour voir s'il y avait du danger dans la prairie. Quand j'étais à l'école, alors que j'ai quitté depuis l'année deux mille dix-neuf, la directrice avait cette habitude, apparaissant soudainement tout près de l'entrée des salles de classe, et quand les enfants qui bavardaient le virent, ils eut peur et se conformaient rapidement.

Monsieur Job, me faisant signe du doigt lança : excuse moi maître Tham, le directeur demande à te voir. Ayant dit cela, il s'en allait ci-après.

" quoi encore ?! Je n'aurais pas dû venir aujourd'hui. " j'ai dis ultérieurement. Déjà la femme et maintenant le mari, c'est très ennuyant. Je me suis excuser auprès de Mathurin qui venait m'annoncer ce nouvel qui m'est très important, puis je suis aller vers lui pour savoir en quoi consiste cet appel.

Après avoir fait geste de salutations, il ne m'a même pas offrir à m'asseoir et il souriait légèrement à la moustache.

— Tham! Il a vociférer. Qu'est ce qui ne va pas ? On m'a informé que tu ne dors plus à l'église, alors que je sais tu n'as nulle part d'autres où aller, ne me dit pas que tu es pris par des amis qui te force à faire des choses qui ne convient pas à ce que tout le monde attend de toi!

—monsieur... Bah... Pasteur, je n'ai pas d'amis pour me forcer à faire quoi que ce soit, c'est juste que pendant deux fois j'ai eu des cas imprévus. Je suis allé chez une amie après le service du soir, alors, l'heure m'a retenu et quand je suis venu frapper à la porte personne ne m'a pas ouvert, c'est la raison pour laquelle je obligé de dormir là où j'étais. Je n'avais pas à donner tout ses détails, mais je sais que ceux qui lui ont dit cela l'ont peut-être mal informé. Je parle en réalité de Kéty, elle était la seule à pouvoir faire cela.

— mais, Tham! Tu ne peux pas rester dehors d'une heure qui dépasse la limite de tout ceux qui doivent se mettre au lit, au point même de vouloir dormir d'autres part! Ce n'est pas logique et tu dois arrêter de faire ça. Me disait-il.

— d'accord ! Et cette personne qui te rapporte, je souhaiterais qu'elle en trouve toujours à te dire à propos de moi parce qu'elle n'a jamais commis d'erreur. J'ai répondu en lui tournant le dos.

Cette fois, il était passé au silence complète, peut-être qu'il n'avait rien trouvé ou qu'il a voulu garder ce silence.

Maintenant, me voici comblé de toute ses mots qui m'ont aussi brouillé les pensées; c'est ennuyeux, très dérangeant.

Quand je suis retourné, les mines croisées, c'était comme recevoir un coup de fouet dans le dos; je ne pensais plus dormir dehors, mais, je comptais bâtir un projet, un projet qui pouvait empêcher aux autres de me nuire parce que je n'étais plus un enfant et je savais parfaitement ce que je faisais.

Après avoir terminé cette journée stressante et de dur labeur, je suis appuyer sur le mur où d'habitude je me met à l'abri de tout. Quand j'allais me mettre les oreillettes, elle m'avait appelé, alors, je lui ai tout expliqué, tout en lui avouant que je ne me rendais plus chez elle au plus tard que sept heures ; elle avait accepté et m'avais promis de protéger ma place.

À la fin, j'ai allumé les écouteurs et ouvert la musique pour essayer de me retrouver, c'était un peu difficile, parce que la journée fût une journée scandaleuse et nuisible.

Quand Kéty passait en face de moi, elle marchait la tête à terre et faisait de pâle sourire complice, j'avais compris ce qui se passait et pour cela, je n'avais pas besoin d'interprètes.

Alors, j'ai accepté de rester dans mon nid en attendant que le plus grand de mes projets se réalise d'un jour à l'autre...

L'idée de pouvoir se rendre à la capitale

Au cours de la nuit suivante, j'étais rester à l'intérieur de l'église essayant de m'amuser avec de la musique, ce qui m'aide souvent à m'éloigner des maux et certaines idées négatives.

J'aimais la couleur vive de la nature et c'est pourquoi ce soir-là, je portais mon maillot vert et rester seul entre tout les bancs vides, car, les autres étaient dehors à cet heure-ci mais moi, à part le téléphone que je pouvais utiliser pour parler à ma copine, je pourrais dire aussi, ma future conjointe, je n'avais personne d'autre à qui parler; sauf s'il s'agit d'une simple salutation.

Heureusement, je venais de chez elle et je n'avais plus faim.

Delà, je me suis rendu compte que j'étais bien amoureux de cette femme, et elle, je pourrais qui que c'était pareil. Il y a toujours des choses qui restent à apprendre dans la vie, des leçons qui ont peut-être leur rôle à jouer dans la vie; je ne pouvais dire que ça, car, son comportement me l'avais prouver et je ne pouvais pas agir autrement.

Quand je me sens somnolé, j'ai fait mon lit rapidement possible et me longer pour ne pas faire beaucoup trop de résistance au sommeil. Déjà fatigué, je devais coucher plus tôt mais, je ne l'avais pas fait parce que mon esprit était entièrement surchargé de sombres pensées.

Soudains, j'ai arrêter la musique et me lança dans une prière très perspicace. J'avais cette perspective depuis que ces personnes avaient commencé à me nuire à ce sujet.

De ce fait, j'avais conçu l'idée pour trouver une solution et de savoir si j'étais en réalité sur la bonne direction. Sept fois j'ai prié dans la nuit pour demander l'approbation ou un arrêt s'il le faut pour pouvoir m'assurer de tout ce qui pourrait arriver en chemin; c'était difficile, compliqué, pourtant je me suis efforcer à pouvoir réussir ce gros coup.

Je n'avais que la tristesse qui m'avait emparé, je n'avais personne à qui je pouvais expliqué mon cas et demander de l'aide, car, la seule personne qui pouvait m'aider c'était elle au grand dommage. Pour éviter de faire quoi que ce soit au hasard, de me laisser planter sur toute la ligne sans savoir si j'étais sujet à l'échec, j'ai pris prié sept fois dans la même nuit dans le silence parce que les autres reprenaient déjà leur place.

Après avoir lu sept psaumes d'aussi près que je me souviens, je n'avais attendu des secondes pour être tomber en somnolence.

Sans vouloir pensé à elle ou à qui que ce soit parce-que je voulais une réponse fiable et convaincante, cet ainsi qu'au fond de la nuit, j'ai fini par avoir un songe et cela, je l'avais gardé comme une réponse à quoi je pouvais y aventurer.

" dans la nuit profonde, je vis qu'il y avait un service qui se déroulait, et moi, j'ai laissé ma place pour me rendre dans la petite pièce d'a côté; soudain, il y avait un grand éclat de lumière, quelques secondes après le service eût terminé, il y avait dehors, plusieurs hélicoptères qui étaient à l'attente de passagers, puis, un homme vêtu d'un beau costume comme un garde du corps à côté de celui qui était au milieu et à mon arrivé dehors, il me faisait signe de venir monter à bord. Quand j'ai commencé à m'approcher, j'ai compris qu'il faisait signe à quelqu'un d'autre, et qui j'ai tourné pour voir c'était elle ; alors, j'ai moi aussi lui demander de courir parce-que je ne voulais pas manqué ce vol.

Apparus à l'entrée, la première chose qui avait attiré mon intention, c'est qu'il n'y avait que deux places dans notre hélicoptère et deuxièmement, nous étions montés à bord et tout de suite après, il avait fait son envol. " à mon réveil, j'étais un peu choqué et confus, je n'avais jamais monter un hélico depuis que je les regardaient passés dans le ciel. C'est une expérience mystérieuse, mais, drôle à la fois ; je suis resté éveillé durant tout le reste de la soirée et j'ai prié pour remercier le ciel de m'avoir donné ce message. Je l'avais compris, mais, on dit souvent que le diable parle aussi ; de ce fait, moi je croyais que c'était une réponse certaine venant du Dieu vivant, parce que je n'avais pas prié à voix haute pour que les forces de l'ombre puissent savoir réellement ce que j'étais entrain de demander.

À l'aube du matin, comme la semaine n'était pas encore terminé, il fallait donc que je me prépare pour affronter une nouvelle journée de fatigue.

Comme d'habitude, je me suis préparer de très tôt dans la petite chambre et ensuite, je me suis rendu à l'école pour assurer les cours de mes élèves.

En début de la journée, tout avait commencé sous le calme. Les petits brises de froid nous avaient envahit et le froid était toujours persistant.

Carline, m'avait envoyé un message pour me demander si tout allait bien, je l'avais retourné le message en lui avouant que ça allait mieux et que j'avais débuté la journée au calme.

Pour le songe, j'avais préféré de lui parler en face parce que cela pouvait une partie de mon travail.

Elle aussi, avait besoin du temps pour faire ses travaux, de ce fait, j'ai gardé mon secret pour le moment de la récré ; cela m'avait donné de la force pour défendre notre relation, protéger cet amour à l'égard de tous ceux qui comptaient nous empêcher à franchir la ligne du bonheur, c'est ce que je croyais sincèrement et j'ai cru qu'elle avait voulue la même chose que moi.

Je savais qu'il y aurait des gens qui pourront nous barré la route, rien n'a jamais été surprise pour un homme tel que je suis en réalité; depuis mes premières expériences, j'ai toujours connu des barrages et depuis, quand une relation allait être frappée par ce sort, je le sens avant même que ça arrive.

Déjà, elle avait déjà de l'âge avancé et elle travaillait sans se fatiguer et participait à tout les activités de l'église; même si je trouverais quelques-uns pour appuyer mon choix, mais la plupart d'entre eux sont toujours jaloux et certaines fois ils donnent des conseils qui vont à la destruction d'une relation interdite.

Plus tard, au cours de la pause café, j'ai quitté la cours de l'établissement en me rendant à cette maison où il y avait aussi une pharmacie qui appartenait au maîtresse de la maison, c'est une infirmière qui évoluait dans des organisations très connues sur le territoire national.

La pharmacie, peinte en vert et blanc, tandis que la maison était de la couleur du béton du l'avait maçonné.

Après avoir frappé et reçu par la dame qui avait un torchon à la main, et moi, assis sur le canapé du plus près et commençais à la questionner.

— Dites, tu as parlé à des sœurs de l'église à propos de notre relation ? Je ne croyais pas qu'elle avait vraiment la force de faire une chose pareille, pour être sûr, j'avais choisi de la demander afin de permettre à mes paroles de trouver leurs sens quand j'aurais à l'expliquer que tout ce scandale venait d'une seule personne.

— je n'ai jamais parlé à des gens de l'église à propos de nous ! Qu'est-ce qui ne va pas ? Elle a demandée, Carline, essuyant l'évier qu'elle avait terminé d'utiliser.

— c'est simplement parce que... J'ai la sensation que quelqu'un à dû parler avec notre berger sans avoir notre consentement. J'ai répondu. Je pense que nous sommes les seuls à pouvoir faire ça, mais... Quelqu'un d'autre l'a peut-être fait à notre place.

— bien sûr que non! Je sais que si j'en parlerai j'aurais bien des ennuis et j'attends que toi tu prennes la décision de parler à Gérard. Elle avait répondue en s'arrêtant sur ses activités.

— d'accord ! À propos, j'ai eu un songe hier soir et je voudrais bien le partager avec toi; je l'ai eu après avoir fait une longue période à demander l'approbation de notre seigneur, alors...

— Ah oui! S'exclame t-elle. Elle prêtait l'écoute pour entendre cette révélation, d'après ces commentaires il paraît qu'elle avait bien compris.

— moi aussi j'ai quelque chose à partager avec toi, mais j'attends le bon moment pour être certaine que c'est bien une parole de confiance.

— comme tu veux ! Mais, il faut que l'on agissent sur ce point pas trop longtemps. Un fait certains, je voulais qu'on y aille devant notre pasteur pour lui demander de nous appuyer ou de nous aider à avoir une bonne réponse malgré ce que nous nous en avons déjà trouvés ; mais il fallait que lui aussi il prie à ce sujet pour certifié que nous avions eu un mot de Dieu. Cela ne signifie pas nécessairement si nous n'avions pas eu ces songes que nous devrions tout laisser tomber, chacun son choix, chacun son goût, mais la seule chose qui nous est toujours très important à ce sujet, c'est que les combats de la vie entre famille, surtout dans ce pays est vraiment difficile à gagner. Donc, j'ai pris la disposition de le faire, mais en attendant, j'attendais qu'elle me dises ce secret dont elle n'a pas voulu me parler au moment de notre discussion ; de ce fait, j'ai cru que cela pourrait prendre quelques jours et moi, je n'était pas trop pressé pour accomplir cette tâche qui nous est très importante.

— quelqu'un m'a parler d'un autre boulot, mais je pensais qu'il fallait que je te le dise afin d'avoir peut-être un conseil ou une idée quelconque. Murmure t-elle. Elle avait pris son chiffon et continue à essuyer les ustensiles de la cuisine qui n'était pas trop loin du salon de la maison.

— ce boulot, c'est où ? J'étais frappé par un coup de cœur et la jalousie m'avait envahit.

— c'est à Port-au-Prince. Elle a rétorquée. Dans la capitale du pays, où règne l'insécurité, les fortes criminalités ainsi que la terreur, comment aurais-je le courage de la laisser franchir cette ligne ? C'est une très mauvaise idée.

— et bien... D'après ce que je pense, ce n'est pas une voie à emprunter. J'ai dit.

— cela veut dire ?

— que tu ne peux pas aller là-bas pour travailler, même si on te donnerait plus que le salaire que tu rentre dans ce boulot. Tu n'as jamais entendu ce qui se passe dans ce cimetière ? Si tu veux mourir de très tôt, vas! Et toi et moi on aura plus à parler. Tu ne peux pas faire un choix qui pourrait te mettre en grand danger à cause de l'argent.

— euh... Marmonna Carline en se tournant vers moi. J'ai entendue ce qui se passe dans cette ville, mais... D'accord ! Je vais réfléchir. Et toi, je ne pense pas que c'est une bonne idée pour s'arrête tout d'un coup ! Pourquoi c'est ça que tu as choisi de mettre en avant ? Elle a demandée, douteuse.

— parce que je ne veux pas qu'on m'accuse à cause de toi. J'ai rétorqué d'un ton sec.

— bien ! Alors laisse tomber ce sujet, je te sert maintenant ?

— je... J'avais l'esprit touché par cette mauvaise nouvelle, troublé et déstabiliser. Je me suis résigné pour ne pas la démontrer ce qui se passait dans ma tête, de temps en temps, je lui fait des regards qui exprime mon inquiétude, malheureusement, elle ne pouvait pas comprendre ce qui était caché dans mes yeux.

Finalement, j'ai repris le chemin de l'école pour aller mettre fin à la journée.

À mon retour, les élèves étaient toujours sur la cours et jouaient.

J'ai pris un moment pour réfléchir, assis, toujours sur le banc d'a côté ; Mathurin m'apercevait et s'en approcha.

— j'ai commencé à motiver les enfants, des parents de quelques uns sont mis d'accord, c'est une très bonne occasion de pouvoir procéder à l'ouverture du club samedi prochain. Me dit-il, d'un sourire qui exprime sa grande joie.

— c'est une très bonne nouvelle, ce serait parfait ! Je parlerais avec mes élèves plus tard. J'ai répondu.

— tout va bien avec ta copine ? Me demande t-il, Mathurin.

— bien sûr ! Au contraire, nous envisageons d'avouer notre relation publiquement et de monter le projet de notre mariage. J'ai rétorqué, en lâchant un sourire pâle. Tout ce que je voudrais, j'avais la sensation que j'allais les recueilli grâce à notre relation ; moi, sans enfants, et qui espère d'avoir une très belle petite fille, j'ai cru que le moment était venu pour laisser courir cette chance dont j'ai donné à mon cœur. Une chose est sûre, je savais que peut importe ce qui imposerait, nous l'affronterons ensembles.

— de ton côté, qu'est ce qui s'est passé ? Lui ai-je questionné.

— et bien... Je me suis rendu compte qu'elle était entrain de me bluffer, je lui ai dit que je 'n'avais pas encore de moyen pour l'aider et là elle m'a dit qu'elle ne pouvait pas continuer alors j'ai abandonné la quête. Me dit-il, la tête penchée vers le bas.

— alors, tu vois ! Il y en a beaucoup qui ne veulent que profiter, tu dois d'abord essayé de comprendre le pourquoi de cette personne sur ton chemin. J'ai vécu beaucoup et après tant de mauvaises expériences, je me suis dit que maintenant, il faut d'abord que j'ai le réel sentiment qui me prouve que je ne me trompe pas de cible. Alors mon ami, tu as intérêt à être prudent en ce sens. J'ai dit en essayant de lui soulager le mental, il fit un court sourire et acquiesça en secouant la tête.

Tout à coup, on avait sonné pour la rentrée, de ce fait, nous avions laisser passer la discussion en se portant le regard sur nos élèves qui entrèrent à tout allure.

Plus tard, je voulais être certains de sa position, attendant un appel de sa part, elle m'avait envoyé un message pour me dire qu'elle avait changé les idées et qu'elle voulut rester travailler là où en était déjà. Je me réjouissait de sa réponse et j'avais bien l'air d'un homme rassurer après les maux.

Avant sept heures, elle m'avait dit qu'elle était chez elle, qu'elle était rentrée de bonnes heures ; alors, j'ai adopté ce moment pour pouvoir discuter de notre projet, ce que nous, nous voulions pour garantir la qualité de notre relation.

Nous voulions éviter de vivre dans l'état de péché, vivre d'une manière à ne pas avoir des reproches à cause de notre foi chrétienne et de la société qui nous observaient.

Et cet instant là, nous avions pris le temps de monter le processus de notre mariage parce qu'à ce moment-là, notre amour avait besoin d'être couronné et de mon côté, j'ai cru avoir la femme la plus complète que j'avais besoin pour construire un foyer solide et équitable.

Par contre, il y avait des choses par quoi je devais rediriger mon regard, mais la s'en fou de tout et pour un cœur avide qui fut touché par les forces des ténèbres, c'était plutôt les sentiments qui nous poussaient à agir de manière à ne pas nous offensé nous-mêmes.

Cependant, pour les autres, ceux qui sont jaloux et peut-être ceux qui ne pouvaient que dire ce qu'ils pensent, étaient prêt à nous défié de tout les projets que nous avions pour les jours à venir.

Et elle, son comportement était toujours trahissant, elle avait de grandes faiblesses et il fallait un jour pour découvrir une partie de ses défauts...

Le début d'une vie de concubinage.

Trois jours plus tard, nous avions bâti nos projets et commençons à faire des démarches pour voir où l'on pouvait en arrivé.

La nouvelle était propagée, pareille au vent qui pousse la pluie dans toutes les directions imprévues. Je savais que certaines personnes savaient pour nous, mais, j'ignorais complètement ce qu'elles avaient comme arguments à propos de ces maillons qui étaient déjà compléter une à une.

Nos sentiments devenaient de plus en plus trop fort pour qu'on puisse retourner sur notre décision et encore plus, mon amour est une colle et quand ça touche à un point d'un coup de cœur, je deviens rebelle et très attaché à cette personne là. Je ne peux pas dire autant pour d'autres ou elle particulièrement, mais je sais que c'est ainsi que ça fonctionne qu'on je tombe réellement amoureux.

Ma naïveté penché sur mon obsession et ma persistance, m'ont retenu prisonnier par cet amour qui devait avoir une longue période avant de me sacrifier pour les projets à venir.

Dans la matinée, c'était un jour férié, un jour de congé national ; je me suis préparer de très tôt pour me rendre chez elle, parce que nous avions un moment de prière à passer ensembles avant de nous présenter devant le pasteur qui d'un fait certains, pourrait avoir un comportement très serrer envers nous. Kéty, l'avait peut-être déjà donné ce nouvel ; mais, il était rester dans son silence pour quelques temps, peut-être attendait-il que l'on puisse lui parler de ce sujet ? Ce comportement grave qui a toujours causé le départ de beaucoup de ses fidèles, il se tient dans le camp de certaines personnes, alors que ces gens là qu'il croit meilleurs des autres ne le sont pas en réalité. Je dénonce la partisannerie dans les églises, c'est une des principales causes qui fait entré la division dans les assemblées et empêche aussi que tout les dons soient découvert.

J'ai déjà reçu un message spirituel, un avertissement qui a fait l'objet d'un état d'esprit constant face à les difficultés rencontrées dans cette affaire. Il y avait une soirée de (veille de nuit) un culte nocturne qui permet aux chrétiens de garder une parfaite motivation spirituelle ; et là, elle avait décidée de parler au pasteur de l'église et s'attendait à ce qu'il pourrait partager son fil d'idées ou même de porter son soutien si cela était possible, malheureusement, la réponse était décevant et il avait agit comme s'il avait de haine contre nous à cause de notre amour.

Je n'ai jamais oublié cette soirée marquante, mais je voulais quand même lui parler comme deux hommes qui se tiennent sur un sujet de préoccupation et qui recommande une période de résolution.

Cela ne devrait pas durer longtemps, cependant, je devais prendre mon temps pour me charger de tout même en cas non voulu, c'est-à-dire, s'il accepte c'est bien et sinon, cela n'empêcherait pas qu'on avance avec notre relation, on peut pas décidé pour deux adultes, mais, on peut toujours dire ce qu'on pense ou donner des conseils qui peuvent servir de point de réflexion ; de toute évidence, nous étions déjà trop proche pour qu'on arrive à se séparer à cause d'un simple concertation de quelqu'un d'autre.

Ce jour-là, qui je suis arrivé là-bas, pour passer un moment de prière avant que je puisse faire le devoir qu'il me restait à accomplir.

Mon cœur s'est cassé, voyant qu'elle souffrait d'une atroce douleur. Heureusement, j'avais à peine reçu mon salaire et j'avais apporté dans ma poche tout l'argent qui m'a été donné et ceci me paraissait utiles.

J'ai courus rapidement dans la pharmacie de sa patronne et lui procure des médicaments pour soulager sa douleur, ensuite, j'étais obligé à lui préparer une bonne soupe pour l'aider à se reprendre ; c'est ce jour-là, qu'elle avait décidé de m'expliquer le songe qu'elle avait faites parce qu'à ce moment, je venait de l'accomplir.

— je te remercie pour ton aide, sans ta présence, je ne sais pas comment j'aurais pu faire pour améliorer ma situation. Me dit-elle, coucher dans son lit au-dessous d'une fenêtre à demi ouverte.

— non! Il n'y a pas de quoi à me remercier, d'ailleurs, si c'était moi tu aurais pu faire la même chose. J'ai répondu, tenant un bol de soupe que j'allais déposer sur la table pour la laisser refroidir.

— alors, si tu veux on peut toujours procéder à notre programme, je sais que c'est pour ça que tu es venu de si tôt. Reprit-elle de sa faible tonalité.

— ne t'en fais pas pour ça, tu dois te reposer. À cause de ce qui était arrivé, nous avons donc remettre à demain notre planification qui s'est attardé à cause de ce choque.

Maintenant, sa révélation et la mienne, j'ai finalement cru que cette chance nous appartiendra, que cela nous était suffisant pour assurer l'équilibre de notre amour et nous garder de toutes critiques sur notre passage.

Dans la mi-journée, je me suis rendu à l'église pour aller me détendre, toujours un peu de musiques et cela ne fait que revenir sur nous-mêmes et fait passer en déroute, les maux qui viennent nous traumatisés.

Notre relation était pris au piège, certains voulaient qu'on s'en débarrasse tandis qu'ils ont eux-mêmes leurs propres difficultés à repasser. Je ne vois pas pourquoi les gens refusent d'admettre que l'amour est un influenceur qui peut dépasser notre conscience relativement à notre capacité de choisir ou de nier nos aventures.

Pour éviter le risque de voir notre relation s'étendre comme un vrai scandale, je suis resté jusqu'à la tomber de la nuit.

Plus tard, je suis retourné pour savoir si ça allait mieux pour elle, nous avions commencés à discuter, ceci, à l'intérieur de la maisonnette.

D'un coup de surprise, le pasteur avait atterrit accompagné de son diacre ; moi, j'étais resté à l'intérieur et la sœur ouvrit la porte et leur donnant des chaises sous le manguier.

Silencieux, je suis resté à l'intérieur et mis mes oreilles à l'écoute pour ne rien manquer, parce que cette surprise m'avais rempli de doutes et ce qui m'étais venu à l'idée fût l'objet de cette rencontre.

— j'ai entendu parler d'une histoire d'amour entre toi et Frère Tham, j'aimerais savoir ce qui se passe mademoiselle Carline? J'aimerais savoir si tu as perdue la tête. Il a dit le pasteur qui s'oppose à notre relation.

— et bien... Je ne sais pas qui t'as dit ça, mais... Oui, nous avons une relation. Elle a répondue.

— mais tu es devenue cinglée! Tu es malade ! Que peut-il faire pour toi? Pourquoi tu n'as pas choisi quelqu'un qui est plus à la hauteur qui ce jeune homme ? Je ne te comprend pas. Il a dit en haussant la voix.

— qu'est-ce que tu veux que je fasse ? C'est lui que j'ai vu et on a déjà de la parole. Elle a rétorquée, la grosse.

— je veux que toi et ce jeune homme que vous arrêter cette histoire, d'ailleurs, tu as déjà des enfants et lui, non. Il n'a rien pour t'aider à survivre dans la vie et il n'a aucune idée de ce qui a trait au foyer. Il a grommeler, sans laisser au diacre de placer un mot.

— c'est impossible pasteur ! Je... Elle avait commencée à pleurer et peut-être, avait-elle honte d'avoir entendu toutes ces paroles choquantes ? J'avais envie de sortir, sortir pour demander d'arrêter cette connerie, mais je crains que cela pourrait entraîner plus de dommage alors, j'ai abandonné et rester Hors de la discussion.

Quand ils partirent, elle était rentrée et commençait à se plaindre, la seule et unique question que je l'avais posé c'est qu'est-ce qu'elle avait décidée de faire dans ce cas? J'étais curieux et impatient de savoir s'il me restait un peu d'espoir.

D'où sa réponse, elle avait décidée de ne pas se laisser emporter par toutes ses hypocrisies et elle avait pris sa position sans vouloir me briser.

Quand la nuit passa, le lendemain, j'étais un peu couvert de honte mais je ne pouvais pas manqué la journée de travail. De ce fait, je suis allé travailler avec cette même couverture et mon âme était humilié au dedans de moi, malgré qu'elle avait voulu faire une résistance parfaite face à tout ce qui arrive pour brisé notre amour.

J'ai passé la première partie de mon boulot sous une voile de tristesse impeccable, certains de mes élèves ont voulut me demander ce qui n'allait pas, mais j'ai comme si je souriais pour les en empêcher.

À la récré, assis à la même place, le pasteur, directeur de l'école, envoya un enfant me demander de venir le voir dans son bureau ; impatient, j'ai vite quitté ma place et le rejoint.

Je savais qu'il allait parler de ce sujet, et moi, j'étais prêt à prendre toutes les mesures nécessaires pour assurer l'honneur de notre amour.

Il m'a posé la même question, que j'ai répondu affirmative ; il avait fait des hypothèses qui décrivait la sœur en me disant le contraire sans savoir que j'avais entendu tout ses discours.

Sur ce, il me disais que j'avais tort de choisir cette femme, qu'elle avait des défauts extrême et qu'elle ne pouvait pas me servir d'une vraie amante. Alors, j'ai compris que c'était de la jalousie à cause de la relation qu'il avait avec elle ; je ne savais jamais s'ils avaient une amitié profonde, mais, j'ai fini par le savoir parce qu'elle m'avait expliquée comment ils étaient proche avant notre relation.

Comme je lui ai dit que notre amour était basé sur des songes et que c'était du vrai amour, à cet égard, il m'a demandé de quitter son emploi et même l'espace où je me logeait à l'église.

De sang froid, j'ai pris tout ce que j'avais apporter avec moi pour le cours de ce jour et sorti les pieds libre. Arrivant à l'église, j'ai envoyé un message à Carline, elle m'avait demandé de la rejoindre dans la maison où elle travaillait, alors, je lui ai tout expliqué; je n'avais aucun autre endroit où aller, je devais trouver une issue pour quitter cet église. Faute de jalousie, un peu ruiné la vie d'une personne sans avoir la raison d'agir sans porter aucun jugement pour concerté les faits.

De toute façon, c'était une mauvaise réaction de sa part, si en réalité il n'y avait pas eu de vrai amour pour elle dans mon cœur, je ne pourrais pas avoir ce courage de partir de sang froid sans avoir la moindre idée d'où je pourrais me réfugier.

Carline, m'avais demandé de la rejoindre chez elle, ce soulagement qui, pour moi, c'était la plus grande porte qui m'étais ouverte ; maintenant, sans mon boulot, que vais-je devenir si je ne trouve pas un emploi tout de suite ? La question que je me suis posé que je réfléchissait à ce que je vais faire pour ne pas tomber dans le même piège qu'avant, puisque nous avions un mot, des révélations que l'on croyait venir de Dieu, j'ai repris force à la suite d'une simple parenthèse (la foi). Je me souviens un jour, elle m'avait posé cette question : si tu en trouverai une femme qui peut t'aider mais que la responsabilité de l'homme tu sais qu'elle est toujours définie par la vie, que ferais-tu? Je lui avait répondu qu'avec la foi on peut tout construire... Ce que je ne souhaite à personne d'autre s'il n'y a pas une volonté concrète et une relation particulière à votre seigneur. Bâtir une famille sur la foi est une chose qui n'est pas pour tout le monde, dépendamment de la condition de votre vie et la mesure de votre conviction.

Après avoir déménagé de l'église, nous avons eu une vie de concubinage, une vie dont nous voulions nous épargné depuis nos premières conversations. Alors, nous avions tout les deux abandonné l'assemblée et nous avions démarrer une vie même si cela nous l'avions fait parce que nous avions partager le vrai amour mais le coupable de ce chute, il le sait très bien et il avait souhaiter que quelque chose arrive à nous mettre en défi jusqu'à pouvoir nous séparer. Malheureusement, il y a un œil qui voit et comprends tout, c'est ça la grande réalité...

Épilogue

Au fil des années, j'ai appris de nouvelles choses et survécu à certaines confrontations.

J'ai vécu des jours dans le chômage et en apprenant d'avantage de cette fille qui m'étais devenu une pierre de surcharge dans les moments difficiles. Cependant, j'ai puis découvrir quelques de ses défauts mais par ma reconnaissance j'ai accepté de tenir ma parole, jusqu'à ce qu'un jour notre fiançailles avait précédé par nos premières soirées de tendresse.

Ensembles, nous avions planifier de procurer une motocyclette pour que je puis me débrouiller dans les rues de la région des palmes, alors, oui! J'ai accepté l'offre et mis d'accord sur ce point.

La seule et unique façon que je pouvais la remercier, c'est de l'offrir en mariage une bague qui en valait plus que toutes ses sacrifices.

Un jour, elle avait essayé de me tromper, de me mentir quand un homme était venu à la maison ; je sais toujours découvrir les mensonges à travers les mots et le visage de la personne, ce qu'elle ne savais pas. Malgré cela, je suis resté résistant face à tout ce que j'ai trouvé pour me faire fuir de cette relation.

Scandale dans notre fiançailles, je suis resté rigide et cru que c'était pour me décourager dans le chemin, la maîtresse du cœur à peut-être quelque chose de spécial à apporter à l'avenir ? Je ne savais pas pourquoi j'avais trouvé tout cette force pour garder notre amour hors de tout en dépit de ce que j'ai trouvé comme fait pour abandonné.

Avant notre mariage, il y avait quelque chose qui s'est passé dans la maison et cela m'avait fait beaucoup de mal en vivant cette réalité.

Elle m'avait dit qu'elle était enceinte, le jour où elle m'avait avouer que cela lui était arrivé, nous avions un accident de moto et les choses ont dû s'aggraver.

Je l'ai emmener voir un médecin, pas un médecin à l'hôpital comme à l'ordinaire ! Mais, on appelle ça : médecins feuilles.

Nous avions dépensés le peu que nous pouvons pour sauver cette période de grossesse qui, malheureusement, n'avait pas subsisté. Et depuis les moments de la perdition, elle n'avait plus donner des enfants, ce que moi j'attendais d'une impatience ; je ne sais pas pourquoi tout cela m'étais arrivé, peut-être que ces révélations, étaient-ils de diable que de notre sauveur Jésus Christ ? En dépit de tout cela, je n'ai pas décourager en chemin, quand ses parents furent venus à notre fiançailles, j'ai connu sous le ciel bleu un moment de peine à cause d'un mensonge ou peut-être que c'était une vérité ? Je ne sais pas au juste, car, ma capacité à des limites ; je ne peux pas savoir la vérité sur un passé lointain, surtout si cela n'est qu'un bruit de débat.

Ses parents m'apprécie, surtout une de ses tante qui, avait participer à notre cérémonie nuptial. C'est une de ses personnages pour qui j'éprouve beaucoup de respect à l'égard de sa gentillesse.

Pour ceux qui ont voulu qu'on s'en débarrasse, je dois vous dire que ce n'est plus la peine de d'insister, maintenant, nous avons passé à une autre page d'histoire, même si en réalité, je ne peux pas en déduit la certification d'avoir enfin trouver ma proie parfaite.

Maintenant, je me pose des questions telles : pourquoi j'ai accepté de faire ses parcours en acceptant de souffrir même si rien ne me disais que je courais sur la bonne direction ? La maîtresse du cœur à peut-être fait faillites, aujourd'hui, je me suis rendu compte que j'étais plongé dans un combat plutôt que le bonheur ; je me demande si les autres avaient raison, parce qu'en réalité je ne peux plus vivre avec une durée de joie dans mon cœur. Son comportement, ses défauts, ses hypocrisies, son comportement rusé, je sais pas comment je peux mettre tout ça de côté pour vivre dans le bonheur.

Personne n'a raison. Je suis convaincu que le cœur seul est responsable de tout ce qui pourrait vous arrivez dans la vie, c'est une tension qui a besoin d'un appui à travers les enseignements dans les assemblés.

Je me suis rendu compte que, la quête n'était pas encore terminé, et cette maîtresse, n'était pas dans le généalogie des humains. Ce que je voulais réellement, c'est la joie dans mon cœur, la joie qui est sujet d'une vie tranquille et tranquille.

Dans la vie, on peut toujours trompé de cibles mais, il faut se replier pour remédier la quête et faire apparaître notre capacité de maîtrise afin de déterminer la solution parfaite à nos difficultés. Donc, je l'ai dit dans les lignes précédentes, même si je pouvais me remarier, je le ferai tant que je sais que toutes les bonnes qualités qui se trouvent dans la personne que je cherche existent.

On ne peut pas juger les autres simplement parce que nous avons passé un chemin dont qu'il faut lui il passe par là, chacun son chemin et notre destin est différent.

Si telle est le cas de ma vie, on ne se marie pas pour être heureux, mais pour se battre pour un amour tant que nous vivons sur cette terre et nous contente de nous laisser satisfaire d'une seule et unique personne à notre côté.

Je regrette de ne pas avoir tenir le mot que j'avais prononcer sur ma vie, un mot pour m'empêcher de tomber dans ces conditions fatales et dégoûtante ; jusqu'à aujourd'hui, je me demande si un jour elle arrivera à à me donner la vie que j'avais souhaité, le bonheur que je cherche à obtenir pour mener une vie normale et stabiliser. Ce n'est pas parce que l'amour n'existait aucunement dans les instants prolonger de notre relation, mais, elle, ses défauts m'oblige à me poser des questions et rendre douteux tout les jours de ma vie.

Le mariage ne fait pas le bonheur, tant que les deux personnes ne sont pas en mesure de partager un amour complet et d'accepter que l'un est une partie de l'autre sans vouloir mesurer leur essence d'amour à travers leur relation.

J'ai toujours voulu vivre comme une colombe, me sentir bien dans ma peau même si je devrais me battre pour protéger mon amour.

Avec elle, je puis retourner à la maison ; nous avions confrontés un problème de loyer qui pesait lourd sur notre tête. Cependant, pendant que je travaille dans les rues, elle avait perdue son travail et tout reposait sur mon dos ; c'est ça la réalité d'un mariage, les responsabilités sont des éléments qui font l'objet du vrai sens de l'amour, il faut se battre, lutter pour prendre soin de la maison.

Je dû faire tout ce qui était possible pour ne rien manquer, pour ne pas laisser du vide entre nous, tandis que, les défauts apparaissaient comme les plus grands défis auxquels je devrais choisir de rester ou de fuir loin de notre maison.

Malgré tout, je suis resté à prendre les coups et à faire tout mon possible pour que la honte de soit pas tomber sur la tête.

À côté de tout ça, je crois avoir toujours quelque chose qui me fait penser à une création d'une nouvelle vie avec mon épouse, si toutefois elle accepte de mettre de côté ses défauts et misé sur ses bonnes qualités.

Je crains que l'on puisse terminé par quelque chose qui pourrait nous détruire ou peut-être nous mettre en désaccord par des divergences extrêmement désobligeants.

Les parcours me sont difficiles, mais en revanche, j'ai toujours confiance en moi même si je mène une vie difficile. Je souhaite que la maîtresse de mon cœur recevra ce message et apprends que sans elle, ma vie ne fait que submergée dans un océan de larmes et de douleurs. Malgré que je souffre de cet hémorroïde atroce, j'ai connu aussi un kis à l'oreille, ce fut deux maladie que je souffre en même temps, et la troisième, c'est que je sais pas où j'en suis, je n'arrive plus à revenir sur mes décisions ; le stress m'a rendu plus vulnérable chaque jour, en dépit de tout, je continue à prendre mes responsabilités.

D'une part, j'ai abandonné mon projet pour me mettre à la place qu'il la faut, Mathurin, il a toujours été un ami qui se souci de ce que j'avais comme projet, même si maintenant à cause de cette histoire, nous n'avons plus de contact, parce qu'il avait quitté l'école et travail quelque part d'autre dans les coins ; cependant, je lui remercie parce qu'il voulait me soutenir et je n'oublierais jamais son assistance envers moi.

Toujours sans enfants, cette petite fille qui n'a pas encore trouver le chemin de venir dans ce monde pour soulager mes peines, je suis terrifié, je me sens perdu comme si rien n'est jamais su donner du goût à ma vie.

Je veux vivre, je veux connaître l'amour, le vrai.

Sur mon chemin, je compte les pas et j'espère un jour que la maîtresse du cœur se rendra compte de mes souffrances, qu'elle arrive à dit : " bon, c'est assez pour toi, tu mérites maintenant d'être heureux et de ne plus souffert du traumatisme. "

Ce que j'attends avec impatience, ce que je rêve de vivre et de changer de position.

À mon retour à la maison, j'ai eu des attaques de cette sorcière, mais, je l'ai fait savoir qu'elle avait affaires à un homme qui sait ce que vaut la vie et que le résultat de ses calculs allaient bien lui servir de bonne leçon ; maintenant, je vis une vie que je ne comment ça va finir, peut importe le moment où je me suis rendu compte que la maîtresse du cœur me tourne le regard et se tienne à prendre en cause ma charge, je lui serais bien reconnaissant, la quête, maintenant terminé et je dis adieu à tout ceux que j'ai aimé avant et qui ont pu me décevoir...

Also by Ulysse Steevens Esaïe

La maîtresse du cœur
La maîtresse du cœur#2

Standalone
Amour perché
L'épouse écarlate
Noël sous les chandeliers

About the Author

Auteur de nombreux ouvrages, dont, des textes poétiques, des sonnets, des histoires de toute genre.

C'est aussi un professeur classique en primaire, motocycliste et freelencer. Toute la carrière de l'écrivain est de pouvoir créer un monde satisfait de livres pour les passionnés des histoires émouvantes.

About the Publisher

Je suis Ulysse Steevens Esaïe dit thomgiver, je pense avoir le monopole de mes ouvrages.

Je publie mes ouvrages après les avoir écrits et je fait de l'auto-édition pour pouvoir m'assurer d'avoir mis tout en ordre. Je suis aussi le fondateur de vluedition, cela veux dire, qui dit vluedition dit thomgiver.

Si vous voulez savoir quelque chose d'autres, allez au dos de cet ouvrage.

www.ingramcontent.com/pod-product-compliance
Lightning Source LLC
Chambersburg PA
CBHW021437150726
47989CB00001B/279